Paul Pausch

Waren Sie auch mal draußen?

Eine Biografie in kurzen Geschichten

Geschrieben von Ingo Stephan.

Verlag: BoD · Books on Demand GmbH,
In de Tarpen 42, 22848 Norderstedt
Druck: Libri Plureos GmbH, Friedensallee 273,
22763 Hamburg
ISBN: 978-3-7597-0603-4

1. <u>Teil – Kindheit</u>

Paul Pausch war von Geburt an ein Abenteurer und ein hartnäckiger wie bedingungsloser Kämpfer für seine persönliche Freiheit. Da war er ganz sein Vater. Mag dieser Drang auch oft im Widerspruch dazu gestanden haben, welche Freiheit er anderen dabei gelassen hatte. Er aber kämpfte stets um seine eigene. Und die Unruhe in ihm, gerade weil er immer tun musste, was ihm sein instinktiver Wille zu absoluter Unabhängigkeit befahl, ohne auf jede Art und Weise der vernünftigen Bewusstheit zu hören, ließ ihn voller Unrast durch sein Leben toben, auch ohne Rücksicht auf sich selbst; denn so rücksichtslos das Leben zu ihm war von Anfang an, so rücksichtslos war er zum Leben.

War er ungerecht? In seiner Motivation nicht, in seinen Handlungen für den ein oder anderen ja - aber sein Gefühl für Gerechtigkeit hat früh zu viel Gewalt gegen sich erfahren, um Handlungen zu finden, die andere Menschen in bestimmten Situationen für angemessener gehalten hätten. Paul lebte unangepasst und deshalb unangemessen. Aber er lebte frei, soweit das möglich war. Dieses Gefühl zum Gleichgewicht zwischen Verstand und Vernunft schlummerte jedoch stets in ihm, auch wenn es oft so wirkte, als besäße er sowas nicht. Das können nur

Menschen behaupten, die selbst keine Ahnung von diesem Gleichgewicht haben und die Paul nicht wirklich kennen. Bei ihm aber hat es von Anfang an unter ungerechtfertigter Gewalt und Gefühlskälte gegen ihn gelitten. Diese Ungerechtigkeit gegen ihn hat ihn geprägt: „Werde ich verletzt, verletze ich zurück und zwar so, wie ich es gelernt habe, damit ich nicht wieder verletzt werden kann."

Diese Handlungsweise war normales Leben für ihn, da von Kindheit an gewohnt; und vielleicht war die auch gerechtfertigt, aber jeder empfindet das Leben anders. Doch wenn jeder den andern leben ließe, wie der leben wolle, und der wiederum mit gleichem Respekt zum Leben des gegenüber leben würde, also ohne jemanden unterdrücken zu wollen, weil ihm was am Leben des andern nicht passe – wenn jeder also leben würde im Respekt zur Freiheit des andern und der andere im Respekt zur Freiheit des gegenüber – gäbe es da noch Streit, Schlägereien und Kriege? Auch Paul wäre ein anderer Paul geworden – nach außen hin. Doch viele Menschen reden von Respekt und verwechseln das mit Angst. Paul nicht. Er respektiert alles. Doch wer ihm keinen Respekt entgegenbringt, dem muss er zeigen, was Respekt wirklich bedeutet.

Und wer ohne Schuld ist, der werfe den ersten Stein.

Was sollte aus einem Kind anderes werden, dass in ein Spannungsfeld aus Egoismus und Eifersucht und Alkohol und Gewalt hineingeboren wurde, als ein reiner Kämpfer für sein Überleben und für das Überleben seiner persönlichen Freiheit? Ausgestattet mit dem harten Wesen von Paul, dass er von seinem Vater geschenkt bekommen hatte? Andere, weichere, sensiblerer Wesen wären daran zerbrochen. Er nicht. Er steckte ein und teilte aus, weil er es anders nicht kannte. Und von seinem Vater hatte er gelernt, dass der Mensch in seiner tatsächlichen Freiheit nur überleben kann, wenn er sich mit allem, was er hat, gegen jeden Versuch, ihm seine Freiheit zu nehmen, wehrt.

Natürlich wird nicht jedes Kind zwangsläufig zu dem, worin es aufgewachsen ist. Der Schreiber dieser Biografie weiß das aus eigener Erfahrung. Er ist auch unter Alkohol und psychischer wie physischer Gewalt aufgewachsen, aber sein Wesen ist ein völlig anderes als das von Paul. Es hat sich versteckt, als es vergewaltigt und vernichtet werden sollte. Es hat sich im Verstecken geschützt, um später leben zu können, wie es sich fühlte – anders als das, was ihm zugestoßen war. Dennoch war es ebenso nicht zerstörbar und absolut freiheitsliebend und zu allem entschlossen, sich und seine Freiheit gegen alles zu schützen und zu verteidigen, wenn es notwendig wird, was es auch mindestens einmal wurde. Ähnlich dem kompromisslosen Wesen von Paul, aber eben anders in seiner Art und Weise zu leben.

Doch aus Paul ist eben dieser Paul geworden. Ein Ebenbild seines Vaters. Natürlich nicht gleich der Vater, aber die Richtung stimmte. Denn was der Vater mit seiner Urkraft schaffte – einen 1600 Pkw LADA der Deutschen Volkspolizei allein auf den Rücken zu legen, nachdem er die Lichter vom Dach mit einem Armschwung abrasiert hatte – das schaffte Paul nicht ganz, doch er konnte sechs Polizeibeamte im Jahr 2007 in einer Berliner Kneipe akkurat auf dem Boden ablegen, als sie ihn aus der Kneipe

abholen wollten. Das zeigt, was er vererbt bekommen
hatte – mit mir macht niemand, was ich nicht will; mich
fasst keiner an, wenn ich das nicht will; ich beuge mich
niemandem, wenn ich das nicht will; sollte jemand das
versuchen, mich zu unterdrücken, egal wie, dann werde
ich handeln, um frei zu bleiben. Also bringt genug Leute
mit.

Paul lebte mit dem gleichen Gerechtigkeitssinn wie sein
Vater – Scheiß niemand an, weder Freund noch Feind;
sei immer gerade; bleib sauber, aber sei immer bereit,
dich mit allem zu verteidigen, wenn du angeschissen
wirst. Denn ist einer scheiße zu dir, dann ist er scheiße
und gehört in seine eigene Scheiße getaucht.

„Ich bin nicht wie die anderen Zauberkünstler, die kommen und was wollen von mir und dabei vor mir andere
anscheißen, um sich einzuschleimen, weil sie von mir
was wollen.
Ich rufe auch nicht die Bullen, wenn ich ein Problem
habe. Das löse ich auf meine Art. Und wenn das einer
nicht allein kann, dann helfe ich ihm, wenn er vorher
nicht scheiße zu mir war."

Die Gerechtigkeit der Straße. Sorgst du für die Straße,
sorgt die Straße für dich.

Dieser Gerechtigkeitssinn und sein unbändiger Drang
nach Freiheit aber haben ihn oft in den Knast gebracht.
Denn kein Staat duldet einfach so Menschen, die machen, was sie wollen. Oder wer kennt einen Staat ohne
Gesetze? Das müsste einer sein, in dem nur die Verfassung gilt und auch diese Verfassung völlig ausreichend

ist. Doch stets ist eine sogenannte Verfassung nur das Cover für dicke Bücher aller Arten und Formen von Gesetzen, ob nun Strafrecht oder Mietrecht oder wie auch immer das genannt wird. Und wer so lebte wie Paul, allein im Drang nach seiner persönlichen Freiheit, der eckte in jeder Gesellschaft an, ob erst im Osten oder später im Westen Deutschlands.

Habe ich Gesetze als Mittel der Unterdrückung meiner Freiheit erkannt, tue ich alles dagegen, um in mir selbst frei zu bleiben und keine Hure der Angst davor zu werden, nur weil ein Staat mir Angst machen will mit Knast, wenn ich mich nicht an die Gesetze halte.

Gesetze sind für Schafe da und deren Schäferhunde, aber nicht für Wölfe. Die leben nach ihren eigenen.
Und Wölfe werden keine zahmen und hörigen Haustiere, nur weil man sie mal einsperrt.

So lernte Paul das System im Osten und das im Westen kennen und kapierte schnell, dass es im Westen das Gleiche war, nur etwas ziviler für die Öffentlichkeit hergerichtet, weil der Westen ja ein guter Osten sein wollte. Knast aber blieb Knast. Und der im Osten wartete schon früh auf Paul.

Die Mutter war das Gegenteil des Vaters. Sie hasste den Jungen, weil sie den Vater hasste. Das ließ sie Paul spüren mit harter grober Gewalt gegen ihn, auch mit Knüppel und Pfanne. Vor allem wenn er grinste oder lachte. Denn Lachen war bei seiner Mutter verboten. Wenn sein Vater nicht da war. War der Alte zugegen, hatte Paul seine Ruhe vor der Mutter. Der Vater selbst aber schlug die Frau nicht. Das erledigten andere Männer bei ihr. Bei ihm war sie lammfromm. Er hob sie nur hoch, sodass sie sich Auge in Auge sahen, und sagte ihr, dass sie den Jungen in Ruhe lassen solle, solange er da sei. Sei er eingefahren, könne er nichts tun, aber nun sei er da und sie solle den Paule in Ruhe lassen.

Der Vater schlug die Typen, die sich an seinem Eigentum vergriffen, wenn er im Knast war.

So ist es zu verstehen, warum Paul als Kind oft im Keller schlief und sich lange auf der Straße herumtrieb. Dort fand er immer einen Weg, sich etwas Geld zu verdienen, ob als Hilfe im Kohlenhandel, wo der Vater arbeitete, oder als Ausfahrer von Telegrammen für die Post, oder auf nicht ganz legalen Wegen wie bei kleinen Diebstählen oder Einbrüchen. Dumm war er keineswegs. Ein schlauer Kopf, der straßenklug werden wollte und so lebte, als habe er als Kind schon gewusst, dass er niemals einer festen Arbeit nachgehen würde. Wozu auch, sieh dir allein seinen Vater an. Der war frei. Und das wollte auch Paul sein.

Was willst du mal werden, Paul? Keine Ahnung, was das sein soll, etwas zu werden. Auf keinen Fall werde ich ein Karnickel wie alle hier in diesen Karnickelbuchten. Ich bin Paul und ich werde Paul und ich bleibe Paul.

So schlitterte der junge Paul Pausch unweigerlich auf das drauf zu, was in seinem 14. Lebensjahr auf ihn wartete. Und zur Illustration dieses Weges sind hier ein paar Geschichten von ihm.

Wo finden wir Kohle!

An einem heiteren und lauen Frühlingstag im Mai 1973
gegen 16 Uhr standen drei Halbstarke am Lichtenberger
Bahnhof in Ost-Berlin, der Hauptstadt der DDR, und
überlegten, wie sie zu Geld kommen könnten fürs Kino.
Ein neuer Indianerfilm sollte laufen. Den wollten sie un-
bedingt sehen. Aber sie teilten sich gerade ihre letzte
Stange Lakritze und hatten keinen Pfennig mehr in den
Taschen.
Die Schule war seit über einer Stunde schon aus. Sie hatten ihre Ranzen zuhause in die Ecken geworfen und sich
hier getroffen. Es musste doch möglich sein, sich irgendwo die paar Mark für das Kino zu beschaffen.
„Altstoffe sammeln?" Das sagte der dünnste Junge der
Drei und er sagte es ganz leise, als schäme er sich dafür.
„Altstoffe? Een off Jungpionier machen, oder wat!" Das
schimpfte Paul, der stärkste und entschlossenste dieser
drei fast 11-jährigen. „Da kotz icke lieber vor die Schule
un scheiß och noch off meene Kotze! Aber, Kameraden,
ick hab ne Idee."
Paul grinste überlegen über sein ganzes Gesicht. Er war
auch von der Körperhöhe der Größte der Drei. Und er
hatte auch schon für sein junges Alter wirklich breite
Schultern und wirkte kräftig wie ein Schrank, auch mit
dem kantigen Schädel. Seine Muskulatur sah aus, als
wäre sie schon fertig. Er wirkte, als brauche er kein Trai-
ning, um für jeder Gefahr, die gegen sein Leben drohte,
gewappnet zu sein. Die zwei anderen würden mit ihren
schmalen Schultern zwischen seine passen. Dazu das,
von seiner inneren Stärke überzeugte, vorgewölbte Kinn.
Und aus seinen dunklen Augen leuchtete tiefe Entschlos-

senheit. Seine gesamte Ausstrahlung sagte in diesen jungen Jahren schon – Alter, geh mir aus dem Weg, sonst endet dein Weg hier, auf dem Boden unter meinen Füßen. Und er hatte ständig dieses überlegene Grinsen im Gesicht, als habe er schon alles gesehen, was es zu sehen gäbe. Das hatte er auch. Bei diesen Eltern, die ihn gemacht hatten, war das nicht verwunderlich. Der Vater war ein wahrer Höllenhund. Der ließ sich nichts sagen, von niemandem. Und machte, was er wollte, was er für richtig und gerecht hielt, ohne Rücksicht auf Verluste, weshalb er mehr im Knast war als draußen. Und die Mutter war das Ebenbild des Vaters, wenn der im Knast saß. Sie trank dann viel Alkohol, hatte oft Männerbesuch, mit dem sie sich prügelte und versöhnte, wie es gerade passte. Und Paul, seinem Vater zu ähnlich, bekam genau dafür ständig Prügel von ihr, weil er dem Alten einfach zu ähnlich war. Doch Paul steckte die alle ein, noch. Er war noch zu jung, sich zu wehren, noch, aber er dachte stets an seinen Vater und was passierte, wenn der wieder einmal zuhause war. Denn dann stand der Junge unter seinem Schutz. Die Mutter durfte nicht mal laut gegen ihn werden. Der Vater war sein Schild und damit sein Held. Und so wollte auch Paul sein. Wie der Vater, ein großer starker Kerl, der alles und jeden beschützte, was ungerecht behandelt wurde; und dass er tat, was er wollte, ohne sich von einem Menschen etwas sagen zu lassen. Doch noch war er zu jung, um sich gegen die Mutter zu wehren, das wusste er. Noch, aber seine Zeit würde kommen. Davon war er überzeugt. Und deshalb hatte er immer dieses überlegene Grinsen im Gesicht – was wollt ihr von mir? Ich mach sowieso, was ich will, und keiner von euch kann mir das Wasser reichen. Kommt ihr mir

blöde, dann lege ich euch schön in Reihe geordnet auf
euren Bauch.

„Du unne Idee?" Der dünne Kumpel, ebenso alt und so
groß gewachsen wie Paul, aber eben dürre wie eine Bohnenstange, pfiff leise durch seinen wenig geöffneten
Mund und spielte auf dem Gehweg gelangweilt mit einem kleinen Kieselstein Fußball.

„Wer denn sonst? Du doch nich, du Pfeife, niemals!"

„Un wat für eene tolle Idee haste?" Der dritte war einen
Kopf kleiner, aber sein Gesicht zeigte schon die Clever-
ness eines durchtriebenen Spitzbuben. „Dit letzte ma, bei
deine letzte glorreiche Idee, Alter, mussten wir vor die
Bullen abhauen wie Mäuse vor ner Katze."

„Freunde, vertraut mir. Los, wir gehen zum Konsum."

Zwei Ecken weiter war der Laden. Hier gab es alles, was
gerade an sogenannten Waren für den täglichen Bedarf
zur Verfügung stand. Lebensmittel. Getränke. Seifen.
Küchendrogerie. Tabakwaren. Und Süßes, natürlich. Und
im Hof des Konsums standen jede Menge Kisten mit
leeren Pfandflaschen. Durch einen Bretterzaun waren die
vor langen Fingern geschützt, dachten die Leute vom
Laden. Doch gerade auf diese Geldquelle hatte es Paul
abgesehen.

Die hagere Bohnenstange wurde zum Schmierestehen
abgestellt. Der war kaum zu sehen und fiel deshalb nicht
auf. Mit dem Kleinen ging Paul in die Seitenstraße und
beide untersuchten den Zaun nach losen Latten. Bald
fand Paul ein lockeres Brett und gleich eins daneben.
Dieser glückliche Zufall gab ihm Zuversicht. Er schob
beide Latten zur Seite und befall dem Kleinen, durchzu-
schlüpfen auf den Hof des Konsums.

„Wir brauchen mindestens zwee Kisten! Oder willste
vorm Kino keene Cola?" Paul sah beim Flüstern streng

auf den Kleinen runter. Der hatte verstanden, nickte ihm zu und verschwand durch die Öffnung im Zaun auf die andere Seite.

Paul hielt die Bretter noch hoch und blickte zum langen Dürren. Der machte Zeichen, dass alles in Ordnung sei. Dennoch dauerte das Paul zu lange. Die Sekunden kamen ihm vor wie Stunden. Da aber wurde der erste Kasten mit leeren Flaschen von seinem Freund durch das Loch im Zaun geschoben.

„Was dauert da so lange?" Pauls Flüstern war ein leises Fluchen.

„Ick muss doch offpassen, du Blödmann, det die blöden Dinger nich klimpern, wenn icke die zu dir schleppe. Lass mir nur machen!"

„Na denn mach hin!"

Eine halbe Minute später, was Paul wieder wie eine ganze Stunde vorkam, tauchte der Kleine mit der zweiten Kiste auf, schob sie durch den Zaun und sich selbst auch.

„Man, Junge, dit war aber een Akt!"

„Dit nächste Ma gehst du da rein, du Klugscheißer!" Der Kleine hatte ein Lob erwartet, aber Paule war noch voll auf Adrenalin und erstmal beruhigt, dass der Zaun wieder geschlossen war und die Kisten auf ihrer Seite standen. Da durchzog ein leiser Pfiff die heitere Frühlingsluft. Der kam von dem Dünnen vorne an der Ecke. Die jungen Pfandflaschendiebe sahen zu ihm und der wedelte so komisch mit seinen dürren Armen.

„Nischt wie weg!" Paul schnappte sich eine Kiste und der Kleine die andere und sie flohen in die entgegengesetzte Richtung.

Gut, dass hier die Seitenstraßen die Häuser wie in einem Viereck umrahmten. So kamen Paul und der Kleine mit den Pfandkisten aus der anderen Richtung zurück zum Konsum.

„Un wenn die Olle da drin uns fragt, wo wir die vielen Pullen herhaben?“ Der Kleine zögerte. Der Hagere stand immer noch an der Ecke und tat so, als ob ihn das alles nichts anginge.

„Det wir die jeklaut haben, sagen wir.“ Und Paule grinste wieder aus tiefer innerer Ruhe.

Sie gingen hinein und hinter der Kasse stand eine kräftige Frau mit einem lustigen runden Gesicht, so ungefähr 40 Jahre alt, bekleidet mit einer bunten Nylonschürze.

„Na, Jungs! Wo habt ihr denn die alle her? Habt ihr die jeklaut, oder wat?“ Und über das runde lustige Gesicht der Frau flog ein rundes lustiges Lächeln.

„Na klar, Frau Schulze.“ Paule grinste mit. „Von ihrm Hof haben wir die. Un Mutter hat gemeint, det wir zwee Kisten Bier wieder mitbringen solln.“

„Deene Mutter weeß doch, det icke euch keen Bier ver-kofen darf. Oder is dein Vater wiedermal draußen?“

„Nee, noch nich, aber denn nehmen wir nur dit Pfand. Da weeß die Olle, det wir hier warn“

„Ehrlich, Junge, nur dit Pfand?“

„Na jut, drei Lakritzestangen un drei Cola.“

„Darfste dit och? Die merkt doch, wenn die Kohle nich stimmt.“

„Keene Angst, Frau Schulze, ick lege dit von meim Geld aus meene Sparbüchse wieder dazu.“

Die lustige runde Frau mit dem lustigen runden Gesicht gab drei kleine Flaschen Vita-Cola und drei Stangen Lak-ritze und das Restgeld raus.

„Jut, denn macht ma keene Dummheiten, Jungs!“

„Wir doch nich!“ Paul grüßt mit einem Grinsen zurück.

Die beiden gingen mit dem Geld und den Colas und der Lakritze zur Bohnenstange, zeigten ihm, was sie verdient hatten, und alle drei klopften sich auf die Schultern. Dann stießen sie mit der Cola an und bissen ein großes Stück Lakritze ab.
„Det Kino wartet off uns."
„Na denn ma los."

Die Mutter

Die drei Jungs waren fasziniert von dem Film. Der Apachenhäuptling hatte es den bösen Weißen gezeigt. Er und seine Krieger hatten die Cowboys getötet oder gefangengenommen. Dann kamen die guten Weißen und hatten die bösen Weißen in ein Gefängnis gebracht. Nach dem Kino hatten die Jungs auf dem Weg Nachhause noch einige Szenen des Films nachgespielt. Sie hatten sich durch die Straßen gejagt und ihre Hände als Pistolen benutzt. Jeden hatten sie abgeknallt, der ihren Weg kreuzte. Und die Passanten schüttelten nur die Köpfe und lachten und ließen die Jungs machen, was sie machen wollten. Sie schienen offensichtlich Spaß damit gehabt zu haben.
„War urst klasse." Sie standen an einer Straßenecke in Lichtenberg und gaben sich zum Abschied die Hände und klopften sich auf die Schultern.
„Machen wir morgen wieder." Paul teilte den Rest des Geldes unter den dreien auf.
„Wenn mich meine Mutter lässt."
„Wenn nich, dann holen wir dir da raus. Indianerehrenwort!"

Sie trennten sich und Paul schlenderte in Richtung seiner
Wohnung. Er hatte es nicht eilig. Er ging da nicht gern
hin, wenn sein Vater nicht da war. Da wartete nur seine
betrunkene Mutter, die ihn beschimpfte und weiter mit
einem anderen Kerl soff, bis die sich prügelten und dann
wieder miteinander fickten. Oder andersherum, erst fickten und sich dann prügelten und dann weitersoffen.
Wieder so ein Abend, an dem er sich seinen Vater zuhause wünschte. Denn der verbot der Mutter, ihn zu schla-
gen. Nicht einmal beschimpfen durfte sie Paul, wenn der
Alte da war. Aber das war ja zu selten. Nicht ein Weih-
nachtsfest hatten sie bisher zusammen gefeiert, weil der
Vater immer in irgendeinem Knast der kleinen Republik
saß. Paul kann sich heute zumindest nur an ein Weihnachten erinnern als das erste, das sie tatsächlich zusammen verbrachten. Das war das Fest zu 1987. Da kamen
beide, Vater und Sohn, wegen einer allgemeinen Amnestie frei. Und zwar aus demselben Knast. Beide saßen da
zusammen in Rummelsburg ein. Und kamen beide zusammen raus. Und feierte beide das erste Mal zusammen
Weihnachten. Mit Kartoffelsalat und Wiener
Würsten. Im Winter 1987. Paul war da schon 24 Jahre
alt.
Doch an diesem Abend im Mai 1973 war der Alte nicht
da. Und Paul wollte nur etwas essen und dann schlafen.
Als er vor dem Haus stand, in dem er wohnte, hörte er
schon die Stimme der Mutter, wie sie oben etwas brüllte.
Und ein Mann antwortete ebenso laut.
Paul wollte sofort in den Keller. Dort war sein Bett, damit er der Willkür der Mutter weit genug entkommen
konnte. Nur dort, im Keller, konnte er wirklich schlafen,
weil er sich dort sicher fühlte. Aber er hatte noch Hunger.

Und der Imbiss an der Ecke, wo es Bockwürste gab, war
schon geschlossen. Also ging er nach oben.
Als er die Wohnung betrat, kam die Mutter ihm im Flur
entgegen mit hochrotem Kopf und versoffenem Blick.
Sie war nackt unter einer Nylonschürze, die mit bunten
Blumenblüten bedruckt war. Und schon stand sie vor
dem Jungen, breit, fett, laut – und wumm – hatte Paule
eine Ohrfeige weg.
„Wo kommsten du jeze her, du Nichtsnutz! Haste wieder
wat jeklaut, oder wie!“
„Nee, war im Kino.“
Und – wumm – hatte er den nächsten Hieb im Gesicht.
„Grins nich so dämlich, du Arsch. Bei uns wird nich
jelacht!“
Und – wumm – wieder ein Treffer auf Pauls linker Wan-
ge. „Wat willste überhaupt hier!“
„Hab Hunger.“
„Du willst wat fressen! Aber klar doch. Nüscht machen,
aber wat fressen wollen. Du kriegst eins auf die Fresse!“
Und – wumm – hatte er wieder eins auf der Fresse. Aber
er grinste weiter und dachte – meine Zeit kommt noch.
Da brüllte ein Kerl aus dem Schlafzimmer: „Wo bleibste
denn, du Fotze! Ick will ficken!“
„Halts Maul!“ Die Mutter brüllte zurück und schwankte
dabei, weil sie den Kopf wenden musste, aber ihre Trun-
kenheit sie kurz das Gleichgewicht verlieren ließ. „Ick
mach gerade den Bengel fertisch. Un denne bist du dran,
klar! Un du, Junge, varpiss dir!“
Sie drehte sich um und machte sich auf den Weg ins
Schlafzimmer. Paul machte einen Schritt auf die Küche
zu, da kam die Mutter zurück und schlug ihn nochmals
unvermittelt ins Gesicht. „Dit is für dein blödes Grinsen.

Hör uff damit! Damit siehst aus wie dein Vater, aber der
Alte is nich da un also machste, wat icke dir sage, klar!"
„Hey, Fotze, wo bleibste denn!" Der Typ rief wieder
nach der Mutter.
Und sie ging nun wirklich ins Schlafzimmer, schloss aber
natürlich nicht die Tür.
Irgendwann kriegst du das wieder – dachte Paul. Doch
noch fühlte er sich zu jung. Und da selbst der Vater diese
Frau nicht schlug, sondern sie nur mit Worten und Bli-
cken zügelte, was half, da sie wusste, wozu der Vater
fähig war, schlug auch Paul nicht zurück. Aber ihm war
klar, dass er bald von hier verschwinden würde. Wenn er
reif genug war. Jetzt noch nicht.
Paul aß zwei Stullen mit Wurst, sah noch kurz zu seinen
beiden Stiefgeschwistern, die jünger waren, sich zusammen ein Zimmer teilten und hoffentlich schon schliefen.
Er sah, dass sie in Ordnung waren, und wollte in den Keller gehen zu seinem Bett. Da sah er die Jacke des Mannes, der gerade mit der Mutter fickte, an der Flurgardero-
be hängen. Und er hörte die beiden Alten stöhnen und
auch, dass der Kerl die Frau dabei kräftig auf den Arsch
schlug. Oder wohin auch immer. Auf jeden Fall hörte er
das laute Klatschen einer flachen Hand auf nackter Haut.
Also ergriff er die Chance und durchsuchte die Taschen
der Jacke. Er fand ein Portemonnaie und sah hinein. Da
waren einige Scheine. Er nahm sich einen Zehner und
einen Zwanziger raus, verstaute das Portemonnaie wieder
in der Jacke des Typen und verzog sich aus der Wohnung
hinunter in den Keller. Dort versuchte er zu schlafen.
Er war schon fast eingenickt, da ging im Kellerflur das
Licht an und Paul hörte Stimmen. Die von der Mutter
und die von dem fremden Kerl.

„Ick bring den Jungen um." Das war der Mann. „Der hat
mir beklaut!"
„Ick will erst meine Kohle!" Das war die Mutter. „Denn
kannste mit dem Idioten machen, watte willst."
Paul sprang auf, kurz bevor die Kellertür aufgerissen
wurde. Vor ihm stand der Kerl mit glühenden Augen.
Natürlich war er größer und kräftiger als Paul. Doch den
Jungen schüchterte das nicht ein. Er kannte diese Sorte
Mann und grinste nur.
Wumm – Paul hatte die Faust des Mannes im Gesicht,
hielt sich aber noch aufrecht.
„Wo is meene Kohle, Junge! Ick sage dir, icke schlage
dir kurz un kleen!"
Und Paul hatte wieder einen Schlag im Gesicht. Nicht die
Faust, aber die flache Hand, die ganz schön zwiebelte.
Und er dachte – du kannst machen, was du willst. Ich
sage nichts. Du kannst mich totprügeln. Ich sage nichts.
„Ick hab die nich." Paul blieb ruhig. Nach außen. Im In-
nern aber überlegte er, wie er fliehen könnte. Aber hinter
ihm war die Kellerwand und vor ihm dieser Kerl, hinter
dem die betrunkene Mutter schwankte.
„Lüg mir nich an, du Saubengel!" Und wieder ein Schlag
mit der flachen Hand in Pauls Gesicht. „Icke hör nich uff,
dir zu prügeln, bis icke die Kohle habe, varschprochen!"
„Icke hab die nich, ehrlich. Icke weiß ja gar nich, wo die
gewesen sein soll. Un icke gehe nich an fremde Sachen.
Bei der Mutter, Alter, glaubste da wirklich, det icke so-
wat machen würde? Dich zu beklauen? Vielleicht hat die
olle Hure ja deine Kohle!"
Der Mann hob den Kopf. Das war offenbar eine Mög-
lichkeit, die er noch nicht in Betracht gezogen hatte. Er
drehte sich um zur Mutter und Paul spürte, dass der Typ

seine Ausrede und kleine Lüge wohl doch für möglich
hielt.

„Icke?" Die Mutter sah den Mann mit großen Augen an.
„Biste wahnsinnich, oder wat! Icke hab doch deine Kohle
nich!"

Doch der Mann drehte sich nun völlig zur Mutter und
verpasste ihr einen Schlag ins Gesicht. „Du miese kleene
Hure!"

„Icke doch nich, Klaus! Icke kriege doch von dir Kohle,
überleg doch mal. Da soll icke vorher welche rausge-
nommen haben, wo du mir sowieso welche geben
musst?"

Und noch ein Schlag des Mannes ins Muttergesicht und
sie trug schon rot. Blut quoll aus Nase und Mund und
tropfte auf die gute Nylonschürze hinab. Und der Kerl
war nun in absoluter Rage.

In der Kellerecke stand eine Axt, an die Wand gelehnt,
mit der Paul immer das Brennholz hackte. Der Typ griff
nach dem Ding und die Mutter floh über den Kellerflur
und der Mann rannte ihr hinterher und brüllte: „Ick kriege dir, du blöde Fotze! Ick bring dir um!" Und Paul hörte
die Mutter kreischen und sah, wie der Mann ausholte und
die Axt nach der Mutter warf.

Eine Minute später wagte sich Paul nach vorn und blickte
in den Kellergang. Die Axt steckte im Holz einer ver-
schlossenen Kellertür, hatte also ihr Ziel verfehlt. Und
oben war es schon ruhig.

Wegen des Lärms hatte der Hauswart die Genossen von
der Volkspolizei gerufen. Die kümmerten sich nun um
die Streithähne und Paul löschte das Licht und konnte
nun beruhigt schlafen. Doch zuvor hielt er die beiden
Scheine noch eine Weile in seinen Händen, lächelte und
legte sie dann unter sein Kopfkissen.

Er dachte an seine Freunde, wie er das Geld mit denen
teilen würde und was sie alles damit würden tun können,
und schlief grinsend ein.

Der Vater

Wenige Tage darauf schlief Paul bei den Geschwistern.
Sie hatten ihn darum gebeten aus Angst vor der Mutter
und dem Typen, der bei ihr war. Die hatten wieder ge-
trunken und herumgeschrien und sich geprügelt und auch
Paul hatte seinen Teil wie üblich abbekommen.
„Ich schlag dir dein Grinsen aus dem Gesicht!“ Die Be-
gründung der Mutter für ihre steten Ohrfeigen gegen ihn.
„Hier wird nicht gelacht!“
Wenn du wüsstest, hatte Paul nur gedacht und einge-
steckt und dann bei den Geschwistern geschlafen.
„Paul.“ Sein Bruder hatte ihn förmlich angefleht. „Schlaf
doch heute bitte bei uns. Wer weiß, was die Nacht noch
alles passiert.“
Doch nichts passierte, bis gegen drei Uhr am Morgen
jemand heftig gegen die Wohnungstür polterte.
„Lass mir rein, du blöde Fotze! Ick will in meen Bett!“
Und dieser Jemand hämmerte und trat und hämmerte
weiter gegen die Tür.
Der Vater! Paul wollte vor Freude schon aufspringen und
die Tür öffnen. Aber plötzlich stand die Mutter im Kin-
derzimmer und zischte: „Schnauze! Keinen Ton, Kinder,
sonst bluten euch die Ärsche! Kapiert! Ihr seid still! Ich
will keinen Mucks hören!“
„Aber das ist Papa!“ Paul wollte nicht Ruhe geben. Und
– wumm – hatte er die Hand der Mutter im Gesicht. „Du

hältst deine Klappe, verstanden! Ihr beiden andern auch, keinen Ton!"

Und die Kinder blieben still.

Auch vor der Wohnungstür wurde es bald still. Der Vater hämmerte noch ein paar Mal, aber dann gab er Ruhe. Und bald begann ein leises Schnarchen, dass sich verstärkte. Der Alte pennte draußen vor der Tür.

Die Mutter war wieder in ihr Zimmer geschlichen. Sie hatte die Hoffnung, dass der Alte doch bald wieder aufwachte und verschwand. Die Polizei zu rufen, wagte sie nicht. Was sollte sie tun? Der Mann wollte in seine Wohnung und sie ließ ihn nicht rein. Er hatte ihr ja auch nichts getan. Und vor der Tür seiner Wohnung zu schlafen war keine Straftat, auch wenn er gerade aus dem Knast gekommen war. Und überhaupt, den Alten zu verärgern war ein zu großes Risiko für sie.

Die Kinder schliefen ebenfalls bald wieder ein. Paul mit einem Lächeln als Vorfreude darauf, seinen Vater bald umarmen zu können.

Am Morgen wurden sie von der Mutter geweckt. „Los, fertigmachen und ab in die Schule mit euch. Und weckt den Dicken draußen nich auf. Einfach drübersteigen, klar!"

Sie verschwand wieder in ihrem Schlafzimmer und die Kinder taten, was ihnen befohlen war. Und Paul öffnete kurz darauf die Wohnungstür, half den beiden andern, über den dicken schlafenden Mann drüberzusteigen, und stieg selbst drüber.

„Morjen, Paule." Der Alte hatte ein Auge geöffnet.

„Morjen Papa!" Paul blieb einige Sekunden auf dem mächtigen Leib des Alten liegen und grinste ihn aus purer Freude an.

„Is deene Mutter da?"

„Ja, aber nich alleene.“

„Lass mir ma machen, Junge, ab in die Schule, sonst kriegste da Ärger. Icke mach die Bude schon wieder klar.“

„Dann sehen wir uns also nach der Schule?“

„Aber klar doch, meen Großer. Icke hab wieder een paar freie Tage.“

Und Paul war den ganzen Tag aufgeregt und freute sich schon auf das Wiedersehen mit dem Vater. Nach der letzten Stunde rannte er nachhause.

Mit dem Bild aber, das sich ihm da bot, hatte er absolut nicht gerechnet. Das verschlug ihm kurz die Sprache.

Der Vater saß im Wohnzimmer in seinem Fernsehsessel mit einer Flasche Bier in der einen Hand und eine Zigarette in der andern und starrte geradeaus und grinste wie der volle Mond. Er starrte auf den Fernseher, doch der sah ziemlich übel aus. Paul staunte. Die Kiste war ohne Bildröhre.

„Wat issn mit der Glotze?“ Paul fand wieder Worte in seiner Überraschtheit.

„Sieh ma ausm Fenster.“ Und der Alte grinste weiter. Paul erinnerte sich kurz, unten einen Mann mit einem komischen Hut auf gesehen zu haben. Der rannte die Straße lang. Aber den hatte er nicht genau beachtet, weil er ja schnell zum Vater hinauf wollte. Nun sah er aus dem Fenster und sah den Mann und auch den angeblichen Hut, den der aufhatte. Das war die Bildröhre des Fernsehers. Und der Typ ging damit die Straße hoch und runter.

„Ist dit unsere?“

„Klar doch.“ Der Vater grinste. „Wer mit deine Mutter fickt, wenn icke nich da bin, der muss die Konsequenzen tragen. Strafe, wer Strafe verdient. Niemand vergreift

sich an meim Eigentum. Un jeze glotzt der blöd inne
Röhre, wa!"
Und beide lachten.
„Geh, Junge, bring mir noch ne Molle. Die Jungs bringen
uns nachher ne neue Glotze, aber eene mit Farbe drinne."
Und Paul war stolz darauf, so einen Vater zu haben.

Drei Tage später wurden dem Typen, der mit der Bildröhre als Hut die Straße hoch und runter gegangen war,
im Auftrag von Pauls Vater noch von zwei anderen Män-
nern ein Arm gebrochen – als Abrundung der Strafe. Wer
scheiße ist, der muss mit Scheiße leben.

Der Postraub

Paul war immer noch fast 11 Jahre alt und hatte eine
nette Freundin, aber kein Geld. Ob das Gefühl zu dem
gleichaltrigen Mädchen Liebe war, interessierte ihn nicht.
Er war nicht sentimental veranlagt. Entweder man hatte
Spaß miteinander oder man ließ es. Und er hatte mit ihr
jede Menge Spaß. Und sie auch mit ihm. Aber, wie gesagt, sie hatten kein Geld.
Das war immer noch im Sommer 1973. Paul fuhr noch
immer ab und an Telegramme für die Post aus. Mit dem
Fahrrad. Das aber war schon ziemlich alt. Und um mit
dem Mädchen ins Grüne zu fahren, reichte es nicht. Doch
immer die blöden Busse und Bahnen zu nehmen, wollte
er auch nicht mehr. Am liebsten wäre ihm ein Moped und
die Kleine hinten drauf und ab gehst an irgendeinen See
zum Baden und Lieben. Aber die verdammte Kohle!
Als er einmal im Postamt war und fragen wollte, ob Telegramme zum Ausfahren da wären, sah er, wie der

Amtsleiter in seinem Büro ein paar Geldscheine in eine
Kassette packte und die in einem Stahlschrank verstaute.
Der kleine runde Mann Ende 40 schloss den Schrank ab
und verstaute den Schlüssel in seinem Schreibtisch. Dann
verließ er die Post.
Nimmt der den Schlüssel zu der Kohle nicht mit? Paul
beschloss, die Sache öfter und damit genauer zu beobach-
ten. Unauffällig natürlich, sonst würde er ja auffallen.
Zwei Wochen bemühte sich Paul, versteckt und also ver-
deckt das Treiben des Amtsleiters mit dem Schlüssel und
dem Stahlschrank und der Geldkassette zu studieren. Und
es schien tatsächlich so zu sein, als bliebe der verdammte
Schlüssel nicht nur am Tag, sondern auch nachts in dem
Schreibtischfach des Amtsleiters. Sollte er sich da mal
ranwagen, um nachzusehen, was in der Kassette an Mo-
neten versteckt war?
Eines nachts, es war unerträglich warm – selbst im Keller
schwitzte Paul auf seiner Matratze, obwohl er nur ein
Laken als Decke hatte – er lag also wach und schwitzte
und grübelte über den Schlüssel, die Kassette und den
Stahlschrank nach. So war nicht nur die Sommernacht
überhitzt, sondern auch Pauls Gehirn dampfte. Seine Gedanken kreisten um die Kohle im Safe des Postamtes.
Und was er damit alles machen könnte. Ein Moped kau-
fen, seine Liebste ausstaffieren und mit ihr auf dem neu-
en Zweirad durch die Gegend kutschieren, mit gelegent-
lichen Stopps am Wasser oder im Grünen, um sich zu
lieben. Da interessierte ihn auch nicht, dass er noch keine
Fahrerlaubnis für das Moped hatte. Darauf verschwende-
te er auch keinen Gedanken. Er konnte fahren, das reichte
ihm. Und wenn er sich das vorstellte – mit der kleinen
Süßen im Müggelsee zu planschen und dann mit ihr zu

schlafen, um dann wieder mit ihr im See zu planschen –
Scheiße! Die Kohle muss her!

Paul stand auf, zog sich an und verließ das Haus. Wo der
Schlüssel für den Stahlschrank lag, wusste er. Für das
Tor zum Hof des Amtes hatte er einen Schlüssel bei sich.
Und für die Hintertür des Amtshauses auch. Als Tele-
grammbote brauchte er die. Was sollte schief gehen?

Es war schon weit nach Mitternacht. Die Straßen waren
dunkel und dampften noch von der Sommersonnenhitze
des Tages. Menschen sah er wenige. Mal eine Frau, die
mit ihrem Hund Gassi ging. Und im Licht einer Straßen-
laterne huschte eine Ratte über den Gehweg. Obwohl das
Tier eher humpelte, als huschte.

Paul aber humpelte nicht. Er ging langsam, nicht zu
schnell, nicht auffällig werden, aber zielgerichtet ging er
zum Postamt. Das war nur wenige Straßen von seinem
Keller entfernt. Und da er Sandalen anhatte, machten
seine Schritte auch keine Geräusche.

Als er in die Straße einbog, sah er, dass der Hauptein-
gang des Postamtes hell erleuchtet war. Aber da wollte er
ja nicht rein. Denn dort wäre jeder offen zu sehen, wenn
er um diese Zeit die Treppe zum Eingang hochginge.

Paul ging um das Amt herum und zum Tor. An diesem
aber schlenderte er erst einmal vorbei, so als wolle er wo
ganz woanders hin. Eine Ecke weiter blieb er stehen. Er
hatte sich im Lichtschatten eines Baums versteckt und
beobachtete die Straße. Nichts. Kein Mensch. Niemand
war weder zu sehen noch zu hören. Also los!

Er ging zurück, ganz leise. Seine Schritte waren absolut
stumm. Als er an der Tür war, schloss er auf, ging rasch
hinein und verschloss die Tür von innen wieder. Dann
blieb er stehen und lauschte. Mindestens eine Minute,
wenn nicht länger. Aber noch immer war alles still. Da

schlich er über den Hof, an den Fahrrädern der Postboten
vorbei zur Hintertür. Er schloss auf und war drin. Und
noch immer war alles still.
Paul schwitzte nicht nur wegen der Hitze der Nacht sondern auch vor Aufregung. Das konnte nicht wahr sein.
Sollte doch alles klappen?
Kurz darauf stand er schon im Zimmer des Amtsleiters
und hatte den Schlüssel zum Stahlschrank in der Schublade gefunden und damit in seiner Hand und – es war
immer noch alles still um ihn herum. Er war allein. Und
Licht brauchte er nicht zu machen. Von draußen warfen
die die Straßenlampen genug Helligkeit hinein und er
kannte seinen Weg.
Am Stahlschrank, als er den Schlüssel ins Schloss schob,
hielt er kurz inne und den Atem an, dann dachte er – Alter, mach hin, warum zögerst du, jetzt gibt es kein Zurück
mehr, mach hin, schließ auf, nimm die Kassette, mach
das Ding wieder zu, leg den Schlüssel zurück und dann
marsch auf flinke Beine hier wieder raus, wie du reinge-
kommen bist – aber Zack Zack!
Gesagt – getan, als hätte er sein Leben lang bisher nichts
anderes getan. Und als wäre seit seinem Kommen keine
Zeit vergangen, stand er wieder auf der Seitenstraße, das
Tor zum Posthof hinter sich, und hatte die Geldkassette
im Arm.
Nichts wie nachhause geschlichen im Schatten der Stra-
ßenlaternen.
Im Keller, auf seiner Pritsche, konnte er es nicht glauben.
Vor ihm, auf einem Stapel Briketts, stand die Geldkassette und er war in Sicherheit. Er hatte es getan! Er hatte das
Ding geklaut! Was für ein Augenblick – aber wie aufma-
chen? Nach dem Schlüssel der Kassette hatte er gar nicht
gesucht. Das war ihm gar nicht in den Sinn gekommen,

diesen blöden Schlüssel zu suchen. Vielleicht lag der ja auch in der Schublade – noch mal zurück?

Du spinnst wohl!

Also musste eine Zange her oder ein Meisel oder ein Schraubenzieher oder irgendetwas!

Im Keller war genug Werkzeug und Paul machte sich an die Arbeit. Nicht zu laut, aber mit aller Kraft.

Und dann! Er traute seinen Augen nicht. Er hatte es geschafft, die Kassette geöffnet und die Kohle lag nun auf seiner Matratze. So viele Scheine auf einen Haufen! Und alle waren vertreten. Von fünf bis 100 Mark.

Paul zählte – und zählte – und zählte – und zählte nochmal, weil er das nicht glauben wollte – aber es waren tatsächlich 35000 Mark der DDR.

Was für ein Moment! Was für ein Moment der Größe! Und dass er nicht schlafen konnte für den Rest der Nacht war klar.

Und am nächsten Tag schon war er stolzer Besitzer eines neuen Mopeds Typ „Star" für 1500 Mark. Und sofort fuhr er mit seiner Liebsten zum Müggelsee baden und ficken.

Auf seinem neuen Star natürlich fuhren sie – das hübsche Mädchen und der neue Star aus Lichtenberg – Paul Pausch. Und den Rest der Kohle verlebte er natürlich nicht allein. Jeder, den er leiden konnte, bekam seinen Teil. Und den Rest verlebten sie zusammen.

Bald darauf sollte ihn aber das erste dunkle Kapitel seines Lebens einholen, auch im Zusammenhang mit seinem kleinen Postraub. Dass aber gerade die Beziehung zu seiner Liebsten ihn in ein Jugendgefängnis brachte, hätte er an diesen Tagen der Freude und des Feierns des Erfolges und des Liebens sicher nicht erwartet.

Auf nach Dessau

Im § 75 des DDR-Strafgesetzbuches hieß es: „Die Einweisung in ein Jugendhaus kann angewandt werden, wenn das verletzte Gesetz Freiheitsstrafe androht, es die Schwere der Tat erfordert, die Persönlichkeit des Jugendlichen eine erhebliche soziale Fehlentwicklung offenbart und bisherige Maßnahmen der staatlichen oder gesellschaftlichen Erziehung erfolglos waren, so dass eine längere nachdrückliche erzieherische mit Freiheitsentzug verbundene Einwirkung erforderlich ist."

Es war der Sommer 1974. Paul war fast 12 und noch immer verschossen über beide Ohren. Eines Morgens aber, er hatte die Nacht bei seiner Freundin verbracht, wachte er neben ihr auf und erschrak. Er hatte verpennt. Er sprang auf und zog sich an. Sie rekelte sich, grinste ihn an und scherzte: „Bloß gut, dass du beim Ficken nicht so schnell bist."
„Sei still! Deine Alten müssen uns ja nicht hören."
„Die schlafen sonntags immer bis Mittag. Hast doch gehört, wie sie letzte Nacht gefeiert haben. Und wie lange. Sonst wärst du nie in meinem Bett gelandet."
Paul war fertig, beugte sich zu ihr und küsste sie. Sie wollte ihn wieder ins Bett ziehen, aber er befreite sich.
„Dein scheiß Kumpel." Sie versuchte, beleidigt zu klingen. „Musst du wirklich zu dem blöden Umzug?"
„Ick habs ihm versprochen. Un ohne mir kriegen die nie die blöde Waschmaschine runter un wieder hoch."
„Ja, du un deine Kraft. Aber ich friere hier ohne dich."
Paul lächelte und ging. Im Flur war er schon fast an der Wohnungstür, da bekam er einen Schreck, wie er ihn

noch nie bekommen hatte. An der Garderobe hingen zwei Uniformjacken, ob Armee oder ein anderes sogenanntes Staatsorgan konnte er nicht unterscheiden. Aber an den Schulterstücken erkannte er den Rang eines Oberstleutnants.

Er ging zurück zum Mädchen und schimpfte leise: „Sin die beiden Jacken von deinen Alten?"

„Ja, warum?"

„Sind die bei der Fahne oder Bullen?"

„Stasi."

„Stasi!" Paul war kurz davor zu explodieren, aber das konnte und wollte er hier nicht. „Warum hast du mir das nicht gesagt!"

„Ist das wichtig?"

„Ob das wichtig ist? Natürlich ist es das. Ich wäre sonst nicht in deine Bude gekommen."

„Ach nee, warum denn nicht?"

„Bist du so blöd oder willste mir verarschen? Du weißt doch, wie icke lebe."

Und das sollte es erstmal für Paul gewesen sein. Die Eltern des Mädchens kamen schnell dahinter, wer nachts häufig bei ihrer Tochter war – weil sie bald schwanger von ihm war und alles beichten musste. Und da Paul kein weißes Blatt mehr war durch Einbrüche und Raufereien, aber eben noch nicht strafmündig, war es nach über zwei Jahren Wartens aber ein Leichtes für die Oberstleutnante des Ministeriums für Staatssicherheit, eine Anklage gegen den nun 14-jährigen Paul Pausch zu erheben, an deren Ende eine lange Jugendhaft auf ihn wartete. Zusammengefasst, auch der Postraub wurde aufgedeckt und weitere sogenannte Straftaten waren ja noch gefolgt, wurde er angeklagt für:

- Einbruch, Diebstahl
- Raub, schwerer Raub
- Körperverletzung
- Schwere Körperverletzung
- Arbeitsverweigerung (sich nicht an das werktätige
  System zu halten war in der DDR strafbar als Arbeitsverweigerer)
- Sachbeschädigung
- Staatsfeindliche Hetze (er hatte öffentlich eine
  Fahne der DDR verbrannt)
- und zum Abschluss verklagten ihn die Eltern seiner Liebsten, die Oberstleutnante des Ministeriums für Staatssicherheit, weil sie nicht wollten,
  dass die beiden zusammen sind – und wer die
  Macht hat, macht die Anklage und, so war es bei
  ihm, auch das Urteil

Der junge Paul saß ohne Verteidiger im Gerichtssaal. Der Staatsanwalt las die Anklageschrift vor. Der Richter erteilte den beiden Oberstleutnanten des MfS das Wort. Sie begründeten die Anklageschrift und forderten fünf Jahre Jugendstrafvollzug für Paul. Der Richter stimmte dem Urteil zu. Der Staatsanwalt nickte. Und Paul saß ohne Verteidiger im Gerichtssaal.

Nun begann sein Weg bis ins Jugendhaus Dessau, wo er den größten Teil dieser Strafe absaß unter Bedingungen, die im Folgenden beschrieben werden.

2. <u>Teil - Dessau</u>

Auf nach Dessau im Grotewohl-Express

Für Paul stand nun eine republikweite Reise an. Über
Magdeburg, Cottbus und Halle ging es nach Dessau. Von
einem sogenannten Jugendhaus oder Jugendwerkhof oder
einer sogenannten Jugenderziehungsanstalt oder Jugend-
strafanstalt oder wie immer man den Strafvollzug für
Jugendliche zwischen 14 und 18 Jahren in der DDR bezeichnen will – also von einer dieser staatlichen Einrich-
tungen zur nächsten führte diese Reise unseren Paul von
einer Durchgangszelle zur nächsten bis zum eigentlichen
Ziel in Dessau – alles für gesamt fünf Jahre. Dabei waren
sie manchmal tagelang von einem Ort zum andern un-
terwegs. Es wurde immer gewartet, bis genug Strafgefangenen zusammenkamen, um die Transporte effizient
zu nutzen. Zum Einsatz kamen Barkas-1000-Kleinbusse
mit Zellen darin, in denen die Häftlinge nur gehockt mit-
reisen konnten. Oder sie saßen in ebenso engen Kleinzel-
len innerhalb eines Aufbaus auf einen LKW W50, getarnt
als Kühltransporter. Oder sie reisten mit dem Zug. Mit
dem sogenannten Grotewohl-Express. Ich habe recher-
chiert, dass es sich dabei um einen Personenwaggon ge-
handelt hat, von einigen Gefangenen so berichtet, der in
kleine Zellen eingeteilt war, in denen die Häftlinge gera-
deso sitzen konnten. Der Waggon, wenn der Zug hielt,
stand immer außerhalb des Bahnsteigs.
Paule aber beschreibt seine Reise im Grotewohl-Express
so:
   Das war ein Waggon, der sah von außen aus wie
ein Viehtransporter. Die Zellen darin waren gerade so

groß, dass man bei heruntergeklapptem Sitz auch sitzen
konnte. Welchen Zügen sie angehängt waren, konnte er
nicht sehen, aber ebenso sah er auch nie einen Bahnsteig,
wenn der Zug einmal hielt; die Ansage an einem Bahnhof
aber hörte er schon. So wusste er zumindest ungefähr, wo
er war. Aber manchmal stand der Waggon auch auf einem Abstellgleis und wartete auf den nächsten An-
schluss. Der Rekord eines solchen Wartens auf An-
schluss lag für Paul bei ca. 30 Stunden. Und Toiletten
gab es in den Kleinstzellen nicht. Wenn die eine Toilette
im Wagen besetzt war, musste man warten. Manchmal zu
lange. Und das im Sommer. Ab und an kam ein Wachof-
fizier mit kaltem Malzkaffee vorbei. Die Häftlinge nann-
ten das Getränk „Negerschweiß".

Doch in Dessau angekommen, wartete ein perfides Haft-
system auf Paul, dass aus Vorschriften und Strafen für
das Nichteinhalten dieser Vorschriften bestand. Und das
Ziel dieser Haft war die „Erziehung straffällig geworde-
ner Jugendlicher zu wertvollen Mitgliedern der sozialisti-
schen Gesellschaft".
Diese Erziehung basierte auf einem Gedanken von Maka-
renko, der ein Erziehungswissenschaftler der Sowjetuni-
on unter Stalin war:
Was du nicht weißt, lernst du.
Wenn du lernst, helfen wir.
Wenn du nicht willst, zwingen wir dich.
Diese Worte standen auf einer Schautafel, die zum Hof
des Jugendhauses Dessau an einer Mauer angebracht
worden war.
Und der Tagesablauf allein beschreibt, wie dort erzogen
wurde.

Tagesablauf in Dessau.

Ankunft in Dessau. Der Weg durch die Schleuse – ein
Tor zur Straße nach draußen – ein Tor zur Straße drinnen. Und als sich das schloss, gab es kein draußen mehr.
Auf seiner Reise hierher hatte Paul schon einiges gehört
über die Zustände hier. Auch dass sich einige Jugendliche das Leben genommen haben, nur um nicht hierher zu
kommen. Paul war entschlossen, das durchzuhalten.
Komme was wolle. Er hatte schon genug Prügel bezogen
und er hatte in einem Keller gewohnt. Wie sollten die
Leute hier ihm schon wehtun. Gut, es gab keine Aben-
teuer auf der Straße mehr, aber irgendwann war er draußen. Davon war er überzeugt. Jetzt wollte er erstmal das
Leben hier kennenlernen und herausfinden, wie er es sich
zu Nutze machen kann, um zu überleben.
Sie gaben ihre Sachen ab und bekamen die Gefangenen-
uniform, dazu Bettzeug und alles, was sie hier brauchten.
Bei einem ersten Apell auf dem Flur versuchte ihnen ein
Offizier, die hier auch „Erzieher" hießen, mit lautem
Brüllen schnell klarzumachen, wie das hier liefe. Wenn
einer sein dreckiges Maul aufmache, ohne dazu beauf-
tragt zu sein oder während er was sagte, dann werde es
ihm gestopft, und zwar so, dass er es hier nie wieder
aufmache. Der einzige Schritt, wie sich hier bewegt werde, sei der Laufschritt. Zum Aufstehen werde befohlen.
Zum Exerzieren werde befohlen. Zum Essenfassen werde
befohlen. Zum Arbeiten werde befohlen. Zum Waschen
und Schlafen auch. Dabei aber werde alles absolut still
geschehen. Keinen Laut wolle er hören, sonst habe die
ganze Kompanie darunter zu leiden.

Und dann war als erstes das Bettenmachen dran. Keine
Falte durfte zu sehen sein. Die Decke musste genau auf
Kante gefaltet und gelegt sein. Dabei half die karierte
Bettwäsche. Die langen Kanten mussten und durften nur
54 Karos lang sein. Die Kleidung musste in einem ge-
normten Paket zu 18 mal 18 Zentimeter zusammengelebt
sein am Fußende des Bettes auf einem Hocker. Wenn das
bei einem auf dem Zimmer nicht stimmte, wurden die
gemachten Betten und Kleiderbündel aller Mithäftlinge
der großen Zelle (Paul war mit neun weiteren Jugendlichen in einer untergebracht) durch den Diensthabenden
wieder zerstört und die Gefangenen durften von vorn
beginnen. Deshalb lernten sie schnell, sich dabei gegenseitig zu helfen – wie das bei allem im Jugendhaus so
war, wo sich die Jugendlichen gegenseitig helfen konnten. Wo nicht, gab es untereinander natürlich auch gegenseitige Strafmaßnahmen, sodass sich der Schuldige
beim nächsten Mal mehr bemühte, durch seinen Fehler
nicht alle leiden zu lassen. Erziehung untereinander unter
dem Einfluss der Strafe für alle.

Dieses Prozedere erlebte Paul nun jeden Morgen. Um
Vier war Wecken für die Frühschicht, seine häufigste
Arbeitszeit. Es gab aber auch Spät- und Nachtschicht.
Die Spätschicht wurde übrigens zu 5:30 Uhr geweckt,
damit sie pünktlich ab 8:00 Uhr zur meist politischen
Schulung einrücken konnte. Die Nachtschicht wurde zu
12:00 Uhr geweckt, damit sie ab 14:00 Uhr geschult
werden konnte.
Früh also folgte nach dem Wecken der Bettenbau. Dem
wiederum folgte morgendliches Marschieren auf dem
Hof für eine halbe Stunde, mit Abschnitten im Lauf-
schritt natürlich, während dem der Bettenbau kontrolliert

wurde mit dem Wiederholen für alle Insassen einer Zelle, wenn ein Bett nicht ordnungsgemäß gebaut war. Danach konnten sie sich frischmachen und es ging zum Frühstück, im Exerziermodus.

Das war Dessau, wie Paul es mir als erstes sagt – Vor dem Frühstück und nach dem Frühstück marschieren – vor der Arbeit und nach der Arbeit marschieren – vor jedem Essen und nach jedem Essen marschieren – also auch am Mittag und am Abend – marschieren, marschieren, marschieren.

Für das Frühstück hatten sie 20 Minuten Zeit. Allerdings – machte ein Gefangener ein Geräusch, wenn er den Hocken unter dem Tisch hervorzog oder ihn abstellte oder sich daraufsetzte oder welches Geräusch auch immer gemacht wurde, begann alles von vorn – alle rausrücken, antreten und wieder einmarschieren zum Frühstück. In absoluter Stille.
Manchmal konnten sie nicht frühstücken, da die Zeit um war wegen der Geräusche, die gemacht wurden.

Dann ging es auf Schicht. Sie verrichteten Maschinenarbeit – bohren, stanzen, pressen, Metall schneiden etc. und sie konnten sogar eine Lehre zum Facharbeiter für Maschinen-Anlagenbau abschließen, wenn sie wollten und die auch schafften. Was sie da herstellten, wussten sie nicht. Heute weiß man, dass auch diese Strafgefangenen in der DDR für westeuropäische Firmen gearbeitet haben – Versandhandel wie Quelle oder Otto oder Möbelhersteller wie IKEA zum Beispiel – dafür arbeiteten Strafgefangenen der DDR, für den Klassenfeind, weil die DDR

die Kohle des Klassenfeindes brauchte, um im Kampf
gegen den Klassenfeind zu siegen.

Für die Arbeit gab es Normen – 105% musste jeder in
jeder Schicht bringen. Wurde das nicht geschafft, musste
der Jugendliche weiterarbeiten, bis er seine Norm geschafft hatte – oder gar die Norm der nächsten Schicht
schaffen. So kam es, dass manche Häftlinge an manchen
Tagen ihr Bett erst nach 20 Stunden wiedersahen – ohne
Mahlzeit natürlich.

Nach der Arbeit wurde exerziert, solange der Diensthabende das für richtig hielt. Nach dem Abendessen wurde
exerziert, mindestens eine Stunde. Auch wenn kein Essen
gefasst werden konnte wegen der Geräusche, die dabei
gemacht wurden. Und abends mussten sie mit Messer
und Gabel essen, damit das auch schön lange dauerte und
manche deshalb nicht alles essen konnten, was sie auf die
Teller bekamen.

Von der Qualität der Speisen ganz zu schweigen.

Und, täglich zu 19:30 Uhr, war das Sehen der Haupt-
nachrichtensendung im DDR-Fernsehen, der Aktuellen
Kamera, Befehl.

Eine weitere Schikane innerhalb der wenigen „Freizeit"
der Jugendlichen war der sogenannte „Fasching" – die
gesamte Strafkompanie musste auf der „Piste" – so nann-
ten sie den Flur vor ihren Zimmerzellen, der immer ge-
glänzt hat wie ein geöltes Hühnerei – antreten in der jeweiligen Kleidung, die befohlen wurde – Fertigmachen

zur Arbeit und raustreten! Sie zogen sich um und standen mindestens eine Viertelstunde.
Dann hießt es – Fertigmachen zur Freizeit! Und sie mussten sich umziehen und wieder raustreten und wieder stehen für eine Viertelstunde.
Nun – Fertigmachen zur Bettruhe!
Und so ging es mit dem „Fasching"-Spiel, solange der Diensthabende es für notwendig hielt.
Manchmal wurde das Inspizieren der Zellen dazwischen gelegt, während die Häftlinge auf der Piste standen. Und dieses Kontrollieren endete natürlich im Chaos auf den Zimmern, weil alles aus den Spinten gezerrt wurde und die Jugendlichen sofort wieder für Ordnung zu sorgen hatten.

Oder eine weitere „Freizeitbeschäftigung", das Spiel „Achterbahn" – in den mehrstöckigen Hafthäusern gab es natürlich Treppen. Bei Paul gab es zwei – am Ende jeder Piste eine, um nach unten oder oben zu kommen. Bei diesem Spiel nun wurde die Jugendlichen im Laufschritt oder in der Hocke hopsend oder wie auch immer diese Treppen hoch und runter getrieben – also auf einer Seite runter in den Keller und dann rüber zur anderen Seite und wieder hoch bis unters Dach und so weiter. Konnte einer nicht mehr, hatte er den Schlagstock eines Diensthabenden zu spüren bekommen. Erst wenn einer liegen blieb, weil selbst der Stock ihn nicht mehr zum Aufstehen zwingen konnte, war für diesen Tag für ihn das Spiel beendet.

Und da wir unseren Paul kennen, können wir uns denken, wo er oft gelandet ist – im Arrest. Erste Stufe dazu aber war eine Art Spint, oder eher eine schmale Zelle, wo ein

Mensch gerade drin stehen konnte, in die man eingesperrt wurde, wenn man sich Befehlen widersetzt hatte, vornehmlich bei der Arbeit. Da waren die Arme nach oben hin mit Handschellen an einem Haken befestigt und alle andern konnten den Gefangenen darin durch ein vergittertes Fenster sehen. Der Jugendliche stand da den ganzen Tag drin – ohne etwas zu essen oder zu trinken natürlich.

Der Arrest selbst war eine fensterlose Zelle im Keller des Gebäudes ohne Hocker und ohne Bett mit altem dreckigem und kaltem Estrich als Boden. Dazu stand ein alter Kübel in der Ecke für die Notdurft, ohne Deckel. Der wurde morgens gelehrt. Das Licht wurde ständig angelassen oder nach dem Ausschalten nachts wieder angemacht, sodass es ständig hell in der Zelle war, selten dunkel zumindest. Gleichzeitig wurde auf dem Flur davor über Tonband ein Lärm veranstaltet, als würden Panzer über den Flur fahren – so Kettengeräusche von fahrenden Panzern ganz laut und stundenlang. Vor allem nachts.

Und was machte Paul, um die Strafmaßnahmen der Einrichtung – neben den Schlägen mit den Gummiknüppeln – erhalten zu dürfen? Und zwar bevorzugt einen sogenannten 21-er Arrest? Also dreimal sieben Tage am Stück?

Das geringste Vergehen war, dass er abends den Netzstecker des Fernsehers herauszog, wenn die „Aktuelle Kamera" lief.

Er sabotierte die Maschinen – zog Spinte heraus oder blockierte sie anderweitig und versteckte das Werkzeug, mit dem sie repariert werden konnten. Da mussten alle Häftlinge in den Aufenthaltsraum und hatten Pause. Und Paul bekam eine längere Pause im Arrest danach geschenkt.

Den längsten Arrest aber bekam er für seine gute Tat für andere Häftlinge. Er hatte die Aufgabe, die Normerfüllung der Jugendlichen in ein Buch einzutragen. Das tat er auch, aber er frisierte die Zahlen, sodass auch die Jungs die Norm geschafft hatten, die allerdings klar daran gescheitert waren. Diese Falscheinträge aber kamen ans Licht, da ein Diensthabender auch die Normerfüllung extra noch überprüfte. So flog Pauls Betrug auf und er ging in den Arrest.

Aber Paul hat es überstanden. Denn sie konnten ihn nicht brechen. Er hat nur erlebt, was er schon kannte. Deshalb hat er heute noch sein überlegenes Grinsen im Gesicht, das sagt – was wollt ihr von mir; ich kenne alles.

Eines Tages sollte der oberste Chef aller Jugendstrafvollzugseinrichtungen das Jugendhaus Dessau besuchen. Und, wie in der DDR üblich, zum Blenden des Genossen Generalmajors wurde der Rasen auf allen Grünflächen mit Farbrollen grün gestrichen und alle Wände weiß und von allen Böden hätte man essen können. Denn wer wird schon gern von einem Vorgesetzten angeschissen?

Später, nach 1990, wurde bekannt, dass gerade diese Jugendlichen, die dort so militärisch gedrillt wurden, als

Kanonenfutter für einen etwaigen Angriff der NATO auf
das Gebiet der DDR vorgesehen waren

Mit dem Verbot, Berlin zu verlassen

Ja, andere straffällig gewordene oder politisch auffällige
DDR-Bürger haben Berlin-Verbot bekommen, also Ost-
Berlin, die Hauptstadt der DDR, zu betreten. Paul durfte
sie nicht verlassen. Dafür hatte er auch keinen Personal-
ausweis, sondern eine Klappkarte zur Ausweisung seiner
Person als der Paul Pausch, der er ist. Obwohl er das,
bevorzugt gegen Menschen in Uniform, auch anders
zeigte, wie er wirklich war.

In den fünf Jahren mit Dessau hatte sich Paul 250 Mark
der DDR angearbeitet. Allerdings musste er davon natürlich noch die Fahrkarte nach Berlin bezahlen. Sage einer
nicht, dass der Staat, der die Ausbeutung des Menschen
durch den Menschen abgeschafft hatte, dennoch ein Staat
der Ausbeutung des Menschen durch den Menschen sei.
Niemals war er das.

Als er in Lichtenberg ankam, begrüßten ihn gleich zwei
Genossen der Transportpolizei auf dem Bahnsteig mit
seinem Namen. Sie hatten also auf ihn gewartet. Paule
aber, der solche namentlichen Begrüßungen durch ihm
fremde Personen nicht mochte, begrüßte die Genossen
auf seine Weise. Einer segelte in einen Kiosk und der
andere lag sofort auf den Gleisen. Und Paul landete sofort wieder hinter Gittern.

Er war nun sein erstes Jahr im Gefängnis Rummelsburg. Da war er schon 19. Dort war er erstmals in einem total gemischten Knast, auch von Alter her. Hier stand Erziehung durch Selbsterziehung ganz oben. Er musste sich durchboxen zum Überleben und tat das auch, was ihn noch stärker und härter werden ließ.

Und auch in Rummelsburg wie später in Magdeburg oder wo auch immer – stets arbeite Paul für Firmen des Klassenfeindes. Bevorzugt waren das Versandhandelsfirmen wie Quelle etc. und Ikea. Deshalb gab es eine vorzeitige Entlassung so gut wie nie. Wer verzichtet gern auf billige Arbeitskräfte zur Steigerung des Gewinns?
Vorzeitige Entlassungen gab es erst ab Anfang der 80-er Jahre in den Knästen der DDR. Und damit begann auch das gegenseitige Anscheißen, was Paul absolut gehasst hat, weshalb er bis auf eine Amnestie 1987 warten musste, um mal vorzeitig entlassen zu werden.

Bis dahin hatte er aber noch drei Jahre Einzelhaft in Magdeburg zu absolvieren mit Freigang für eine Stunde im hintersten, letzten Hof der Anstalt, wo hungrige Hunde an Ketten den Zaun langliefen und bellten am Stück. Und drei Jahre ohne Besuch und ohne Post in Einzelhaft. Paul hatte sich das verdient mit seinen Verweigerungen und Provokationen gegen das Knastpersonal woanders sowie gegen die Genossen der Volkspolizei auf den Straßen Berlins.

Das alles stumpfte ihn ab. Es ging raus und rein und raus und rein. War er mal in Berlin, sollte er sich täglich auf dem Polizeirevier Weitlingstraße Berlin Lichtenberg melden. Er durfte seine Wohnung zwischen 22 Uhr und 6

Uhr nicht verlassen. Eine Freundin hatte er anzumelden
wie jeden anderen Besuch. Die Genossen der Deutschen
Volkspolizei hatten sogar einen Schlüssel zu seiner
Wohnung. Arbeit außerhalb des Stadtbezirks musste er
ebenso anmelden.

Paul sagte sich – da kann icke och drinne bleiben. Draußen war der große Knast. Drinnen der Kleine. Okay,
drinnen waren die Wege kürzer.

Seine Straftaten waren immer die gleichen – Raub, Einbruch, Diebstahl, Körperverletzung bis hin zu schwerer
Körperverletzung. Zu seinem eigenen Leben war er tatsächlich abgestumpft.

Einmal, Mitte der 80-er Jahre, war er tatsächlich einen
Monat lang draußen. Dann aber folgte eine Strafe, die er
im Haftarbeitslager am VEB Gaskombinat Schwarze
Pumpe verbüßen sollte. Ein anderes Leben. Kein norma-
ler Knast. Das waren Baracken. Aber Paul fand schnell
den Weg in den Arrest, wo sich die Zellen überall ähnlich
waren.
Sie waren zu Gleisbauarbeiten ausgerückt. Da sollte ein
ziviler Arbeiter eine Arbeit ausführen. Der weigerte sich
mit den Worten: „Nee, das können die Knackis machen.“
Und Paul griff sich einen riesigen Schraubenschlüssel
und wollte auf den Kerl los. Sein Kumpel aber hielt ihn
zurück. Dennoch musste er in den Arrest.
Dort wurde er von einem Offizier im Range eines Oberst
empfangen. Paul ging auf ihn zu und riss ihm die Schul-
terstücke ab: „So, jeze siehste besser aus.“
Das verkürzte seinen Aufenthalt im Arrest natürlich
nicht.

Bis 1987 arbeitete er weiter in diesem Werk „Schwarze
Pumpe“. Allerdings hatte er eine ganz andere Aufgabe.
Er musste Kronkorken sortieren, warum auch immer die
Häftlinge das tun mussten. Da griff ihn ein Fremdarbeiter
aus Algerien mit einem Schraubenzieher an. Paul ent-
waffnete ihn und steckte ihn verkehrtherum in einen Sack
voller Kronkorken, steckte alles in eine Tonne und fuhr
dieses Kunstwerk aus Mensch und Metall auf den Hof.
Dort wurde es am Morgen gefunden. Und Paul fand wieder seinen Weg.

Im Frühjahr 87 kam er aus „Schwarze Pumpe“ raus. Es
schneite an diesem Tag – daran kann er sich noch erinnern.
Doch bald saß er wieder im Ost-Berliner Gefängnis
Rummelsburg ein, wo es aber zu einem glücklichen Zufall kam.
Sein dicker Alter saß zur selben Zeit in dieser Haftanstalt
ein, sodass sich Vater und Sohn nun täglich trafen und
sprechen und gemeinsam essen konnten. Und damit das
Familienglück perfekt wurde im Jahr 1987, wurden auch
beide im Herbst anlässlich der Generalamnestie (80%
aller Inhaftierten in DDR-Gefängnissen kamen dadurch
frei) entlassen.
Und, man glaube es kaum, aber in diesem Winter 1987
feierten Vater und Sohn erstmals gemeinsam Weihnachten. Mit der Mutter, die es damals auch noch gab. Und
sie aßen an Heiligabend zusammen Wiener Würstchen
mit Kartoffelsalat.

Vater und Sohn. Erstmals zusammen im Knast. Dann erstmals zusammen am Weihnachtsbaum. Und da war Paul schon 24 Jahre alt.

3. Teil – Nach der Wende

Die 90-er

Was veränderte sich für Paul mit der Wende? Vielleicht die Möglichkeiten, Geld zu verdienen. Er arbeitete jetzt vorrangig als Türsteher und Geldeintreiber. Und wollte tatsächlich auch einer „soliden" Arbeit nachgehen. Er wollte über den §34a GewO ins Bewachungsgewerbe, doch vom Arbeitsamt kam sofort die Meldung, dass er mit seiner Vergangenheit im Strafvollzug unvermittelbar sei und wohl bis zur Rente zum Amt kommen werde. Okay, sagte er dort, dann aber kein Handschlag, kein Smalltalk und er würde kommen, wann er wolle, und wenn er was von Sanktionen oder Richter von dort hören würde, dann käme er mal in die Büros und würde aufräumen inklusive des Öffnens der Fenster und jeweiliger Freiflüge für die Angestellten hier durch die geöffneten Fenster.

Was sich noch veränderte waren die Innenausstattung der Gefängnisse sowie die Art und Weise, wie die Schließer mit den Häftlingen umgingen. Im Knast war nun mehr Freiheit. Aber auch mehr Anschiss, um früher rauszukommen.

Draußen kam das Koks in sein Leben. Das zum Alkohol dazu machte ihn noch kompromissloser, obwohl es auch eine beruhigende Wirkung auf ihn ausübte, aber nur, wenn er weniger Alkohol getrunken hatte. Doch sein Alkoholkonsum steigerte sich Mitte der 90-er Jahre auf sagenhaft mehr als 10 Flaschen Weinbrand täglich.

Zu dieser Zeit begann auch Pauls Kontakt zu Professor Dr. Dr. Platz, einem renommierten Psychiater und Gerichtsgutachter, der in der Karl-Bonhoeffer-Klinik Berlin-Reinickendorf (vom Berliner Volksmund auch „Bonnies Ranch" genannt) seine Praxis hatte. Dieser Mann hörte ihm zu. Er verstand ihn und warum Paul so war, wie er war. Und warum Paul nicht anders handeln konnte, als er handelte, weil er so war, wie er war. Professor Platz war bald wie ein zweiter Vater für Paul. Er hatte ihm immer zur Seite gestanden, vor allem mit seinen psychiatrischen Gutachten bei Pauls Gerichtsverhandlungen. Damit hat er ihm manchmal den Arsch gerettet. Der Professor erklärte den Richtern, warum Paul das Kokain nimmt, wie er darauf runterkommt, wie das bei ihm wirke. Wenn Prof. Dr. Dr. Platz sprach, waren alle still auf ihren Plätzen. Er sprach leise und doch eindringlich, klar und prägnant, damit einfach verständlich und nachvollziehbar.

Und das wirkte bei den Richtern – auch bei jener Verhandlung Mitte der 90-er Jahre. Und da rettete der Professor mit seinem Gutachten unserm Paul wirklich den Arsch.

Mitte der 90-er

Ich will nicht böse sein,
weil ich nicht böse bin.
Aber ich muss böse sein,
um mich vor dem Bösen zu schützen.
Ingo Stephan

Nicht alles, was in einem Leben geschieht, ist zu erzählen. Hier deuten wir etwas nur an, um das Leben eines anderen Menschen zu schützen.
Pauls härteste, aber auch seine gerechteste Tat.

Mitte der 90-er Jahre wurde Paul für eine Straftat die Schuldunfähigkeit nach §20 STGB zugesprochen, gleichzeitig aber war er nach §323a (dem sogenannten Vollrauschparagrafen) für seinen Rausch vor und während der Tat voll schuldfähig und musste für fünf Jahre in eine Strafvollzugsanstalt.

§ 20 Schuldunfähigkeit wegen seelischer Störungen
Ohne Schuld handelt, wer bei Begehung der Tat wegen einer krankhaften seelischen Störung, wegen einer tiefgreifenden Bewusstseinsstörung oder wegen einer Intelligenzminderung oder einer schweren anderen seelischen Störung unfähig ist, das Unrecht der Tat einzusehen oder nach dieser Einsicht zu handeln.

§ 21 Verminderte Schuldfähigkeit
Ist die Fähigkeit des Täters, das Unrecht der Tat einzusehen oder nach dieser Einsicht zu handeln, aus einem der in § 20 bezeichneten Gründe bei Begehung der Tat er-

heblich vermindert, so kann die Strafe nach § 49 Abs. 1 gemildert werden.

§ 49 Besondere gesetzliche Milderungsgründe
(1) Ist eine Milderung nach dieser Vorschrift vorgeschrieben oder zugelassen, so gilt für die Milderung folgendes:
1. An die Stelle von lebenslanger Freiheitsstrafe tritt Freiheitsstrafe nicht unter drei Jahren.

§ 323a Vollrausch
(1) Wer sich vorsätzlich oder fahrlässig durch alkoholische Getränke oder andere berauschende Mittel in einen Rausch versetzt, wird mit Freiheitsstrafe bis zu fünf Jahren oder mit Geldstrafe bestraft, wenn er in diesem Zustand eine rechtswidrige Tat begeht und ihretwegen nicht bestraft werden kann, weil er infolge des Rausches schuldunfähig war oder weil dies nicht auszuschließen ist.

Hier half ihm erstmals Dr. Werner Platz, ein renommierter Psychiater am Karl-Bonhoeffer-Krankenhaus in Berlin Reinickendorf. Dieser Mann erstellte Gutachten für Straftäter vor Gericht. Er erkannte Pauls Wesen und half ihm oft aus der Patsche. Einiges dazu wird noch folgen. Ohne ihn wäre sein Fall Mitte der 90-er wahrscheinlich anders ausgegangen.

Und zu jener Verhandlung war es auch, als der Richter Paul fragte: „Junger Mann, ich sehe in Ihrer Akte ja schon gehörige Jahre in verschiedenen Anstalten. Waren Sie auch mal draußen?"

Die 90-er Jahre, unterbrochen von jeweiligen Haftstrafen, war auch die Zeit, in der Paul seinen Weg in eine nationale Kameradschaft gefunden hat – Nordland. Die Kameraden waren auch zeitweise in der NPD, sind aber wieder ausgetreten, weil für sie diese Partei zu sehr vom Verfassungsschutz unterwandert war. Genug Beispiele für die Unterwanderung wurden immer wieder gefunden. Allerdings gab es auch große Partys, die Paul miterleben durfte. Eine davon war die Feier der Vandalen zum 18. Geburtstag ihrer Gründung. Folgend zwei Artikel aus Zeitungen:

DIE WELT am 18. September 2000

Polizei löst „ariogermanisches" Treffen auf

Berliner Polizei wird in ihrem Kampf gegen den Rechtsextremismus in Zukunft verstärkt gegen organisierte Strukturen vorgehen. Nachdem in der vergangenen Woche bereits Objekte der von Bundesinnenminister Otto Schily am Donnerstag verbotenen, rechtsextremistischen Skinhead-Organisation "Blood & Honour" in Berlin durchsucht worden waren, haben die Ermittler am Wochenende ein Treffen der Neonazi-Gruppe "Die Vandalen" aufgelöst.
Im Clubhaus der Gruppe auf einem ehemaligen Fabrikgelände in der Weißenseer Liebermannstraße hatten sich am Sonnabendabend rund 100 Neonazis versammelt, darunter auch Gäste aus Kanada und Schweden. Anlass für die Feier war das Jubiläum des Gründungstages der "Vandalen" am 18. September 1982. Die Gruppe war im ehemaligen Ost-Berlin ursprünglich von Angehörigen der Heavy-Metal-Szene gegründet worden, knüpfte aber bereits vor der Wende Kontakte zu westdeutschen Neonazi-

Organisationen. "Die Vandalen" bezeichnen sich selbst
als "ariogermanische Kampfgemeinschaft". Bei der Feier
sollten auch drei rechtsextreme Musikgruppen auftreten.
Angehörige der "Vandalen" spielen in der Skinhead-
Band "Landser", die zu den wichtigsten Bands in der
rechten Szene gehört.
Die rund 400 an dem Einsatz beteiligten Polizeibeamten,
darunter Mitglieder des Staatschutzes und des Spezial-
einsatzkommandos, kontrollierten 237 Personen und 30
Fahrzeuge. Zudem wurden unter anderem mehrere Waf-
fen wie Baseballschläger und Messer sowie Propaganda-
Material beschlagnahmt. Zwölf Männer und eine Frau
wurden vorübergehend festgenommen, einen Haftbefehl
erhielt keiner von ihnen. Im Mai diesen Jahres war ein
führendes Mitglied der Vandalen bei dem Versuch, einem Brandenburger Neonazi ein Präzisionsgewehr mit
Zielfernrohr zu verkaufen, festgenommen worden.

Die taz ebenfalls am 18. September 2000

Razzia bei den Vandalen
Poilzei durchsucht Clubhaus der Neonazigruppe Vandalen in Weißensee. 237 Personen kontrolliert. 13 Fest-
nahmen. Die Gruppe wurde schon 1982 gegründet
Die Polizei hat am Samstagabend das Clubhaus der Neonazigruppe „Vandalen" in der Liebermannstraße in Weißensee durchsucht. Zwölf Männer und eine Frau seien
vorübergehend festgenommen worden, teilte die Polizei
gestern mit. Die Beamten hätten „diverse" Gegenstände,
darunter Nazi-Literatur, gefunden. Genauere Angaben
konnte der Leiter des Lagedienstes nicht machen.
Insgesamt wurden 237 Personen und 30 Fahrzeuge kontrolliert. Anlass für die Durchsuchung soll die Jahresfeier

der am 18. September 1982 in Ostberlin gegründeten
Neonazi-Gruppe gewesen sein. Auch schwedische und
kanadische Rechtsextreme seien eingeladen gewesen,
berichtete der *Tagesspiegel*.
Das Symbol der Vandalen ist die Hagal-Rune, einst das
Wappen der 6. SS-Gebirgsvision. Gegründet wurden sie
von Mitgliedern der Ostberliner Heavy-Metal-Szene.
Nach der Wiedervereinigung traten die Vandalen vor
allem auf den rechtsextremen „Heldengedenktagen" in
Halbe bei Berlin an die Öffentlichkeit. Ihr zeitweiliger
Führer war der prominente Rechtsextremist Arnulf
Priem.
Das Antifaschistische Aktionsbündis III (AAB III) hatte
bereits im September vor einem Jahr gegen das Clubhaus
in Weißensee demonstriert. Damals hieß es, die Gruppe
kooperiere eng mit der NPD und dem erst in der vergan-
genen Woche verbotenen Skindhead-Netzwerk „Blood
and Honour".
Und Paul war mittendrin. Als die SEK-Beamten den La-
den stürmten, befahlen sie allen Anwesenden, auf die
Knie zu gehen.
Nur zwei weigerten sich. Einer davon war Paul mit den
Worten:
*„Ick geh vor niemand auf die Knie, nich ma vor meener
Alten!"*

Bitte komm nicht in meinen Laden

Irgendwann brauchte Paul bald in Weißensee, wo er
wohnte, in keiner Kneipe mehr was zu bezahlen, Haupt-
sache er blieb ruhig. Ein Wirt hatte ihm sogar Geld gege-
ben, damit Paul nicht in dessen Kneipe käme. Der Typ

gab ihm 500 Euro und sagte: „Bitte, Großer, komm nicht
in meinen Laden."
Paul dachte erst, ob der Kerl ihm ne Mine legen wollte,
so auf die Art, dass er bei dem Wirt würde Schutzgeld
erpressen wollen und der das strafrechtlich anzeige. Doch
es war eine wirkliche Bitte von diesem Mann, dass Paul
woanders sein Bier trinken wolle.
Da ist Paul noch ein paar Mal hingegangen, bis es ihm
reichte.

Und dass man Paul beim Wort nehmen musste, sollte ein
anderer Wirt auf andere Art kennenlernen. Der fragte
Paul: „Wie lange willste denn bleiben?"
Paul antwortete: „Gib ma den Schlüssel."
Und da man Paul besser nicht widersprach, gab der arme
Mann dem Großen die Kneipenschlüssel und der schloss
von innen zu und blieb eine ganze Woche.
Wenn er schon so höflich gefragt wurde?

Die Sache mit dem offenen Fenster

Einmal kam ein Gerichtsvollzieher zu Paul und wollte
Schulden eintreiben. Paul hat ihn ausgelacht und ange-
brüllt und das Fenster aufgemacht und den armen Kerl
rausgeworfen auf einen Sandhaufen. Glück für die Amts-
person, dass Paul im Parterre wohnte und er so mit leich-
ten Blessuren davonkam.

Von da an aber musste Paul immer zu den Gerichtsvoll-
ziehern gehen, wenn die etwas von ihm wollte.

Er fragte dort einmal eine Frau, warum keiner mehr zu ihm käme. Und sie sagte: „Aber Herr Pausch, sie haben doch immer ein offenes Fenster zum Hof.“

Ähnlich erging es Paul mit den Bewährungshelfern, denen er auch oft den Flug aus dem Fenster angeboten hatte. Bis auf den Gruppenleiter von denen. Der sagte einmal zu ihm: „Schön, Herr Pausch, niemand will sie haben. Da bleibe jetzt nur ich. Und ich muss sie nehmen, wahrscheinlich bis ich in Rente gehe. Ich möchte Sie aber bitten, mir diese Rente zu gönnen. Können wir uns darauf einigen? Und mein Fenster bleibt definitiv immer geschlossen.“

Einmalige Ausrede

Gute Richter kennen ihre Pappenheimer, können aber
manchmal auch nichts dagegen tun, dass ihnen wahrscheinlich die Wahrheit vorenthalten wird mit einer Lüge, die wahr klingt. Manche wahren Lügen aber klingen
eben nur einmal relativ wahr – und da kann man doch
einmal Gnade vor Recht ergehen lassen, denken sich
ebenso manchmal gute Richter.

Bei einer Razzia wurde das Haus durchsucht, in dem
Paul damals wohnte. Und natürlich auch der Keller. Da
fand ein Bulle eine Panzerfaust und hielt die Paul hin und
fragte doch verdutzt: „Wat isn ditte hier?“ Paul nahm ihm
das Gerät ab, zog es auf und richtete es auf den Bullen.
Der war natürlich schneller weg, als sein Schatten ihm
hinterherrennen konnte.

Bei der Verhandlung fragte der Richter, was so eine Waffe in dem Haus zu suchen gehabt und was Paul damit
vorgehabt hätte. Paul redete sich raus von wegen nichts
davon gewusst zu haben, in das Haus eingezogen zu sein,
ohne dass man ihm das gesagt hätte, und dass er nie in
dem Keller gewesen wäre, weil da das Licht kaputt gewesen sein. Der Richter grinste ihn an und sagte: „Dann
erzählen Sie uns doch mal, Herr Pausch, wie das mit der
45-er war, die man in ihrem Haus gefunden hat. Die war
so schön auseinandergenommen. Warum haben Sie die
Einzelteile an verschiedenen Orten versteckt?“
„Keene Ahnung, Herr Richter.“ Paul antwortete wie immer ruhig. „Die Teile lagen da so rum. Ick wusste ehrlich
nich, wat dit war. Da hab icke die so liegen lassen, wie

und wo sie lagen. Ehrlich, lägen die jeze vor mir, icke wüsste nich ma, wie icke die zu ner Waffe zusammenbaun sollte."

Der Richter hatte gute Laune. Und Paul kam gerade so nochmal davon ohne Verurteilung wegen eines Verstoßes gegen das Kriegswaffengesetz.

Und so eine Ausrede kann man natürlich nur einmal benutzen.

Und nebenbei, von wegen „guter Richter" – ein Berliner Haftrichter, der Paul schon einige Male vor sich hatte, sagte einmal zu ihm: „Herr Pausch, ich würde Sie ja gerne mal gehen lassen, wenn Sie ein anderes Delikt hätten."
„Watten, soll icke jeze een Appel klaun, damit sie mir gehen lassen können?"
Richter und Anwältin schmunzelten.

Paul kann nicht aus seiner Haut.

Wahre Gerechtigkeit liegt ja auch in der Abwesenheit von Vorverurteilung. Allerdings sehen das viele Menschen anders. Auch einige Richter. Nicht alle, aber einige gibt es, deren Scheuklappen so ausgerichtet sind, dass sie nach dem ihre Urteile sprechen, was die Akte des Angeklagten hergibt, nicht aber nach dem, was tatsächlich gerade verhandelt wird. Und das ist Paul mehrfach zugestoßen. So bei einer Verhandlung unter dem ehrenwerten Richter namens Faust, der sich als ein wahrer Mephistopheles entpuppte – als einer, der die Wahrheit nicht sehen will und deshalb Dummes tut unter dem Deckmantel des bundesdeutschen Rechts.

Paul war in einer Kneipe und feierte mit Kollegen. Durch das große Fenster sah er aber, wie in dem kleinen Park gegenüber drei Typen eine alte Frau anmachten. Und es wirkte, als wollten sie ihr die Kohle klauen oder sonst was antun. Paul sprang auf und über die Straße und stellte die drei zur Rede. Die aber kamen ihm pampig und wollten ihn vermöbeln. Da legte er sie fachgerecht geordnet nebeneinander auf den Rasen, wünschte der alten Dame noch einen schönen Heimweg und ging wieder in die Kneipe, um weiterzufeiern. Stunden später, als die Kneipe leer war, kamen die Bullen und holten ihn ab.

Richter Faust dann in der Verhandlung, mit dem Gesicht zur Faust, keine Mimik und kein Blick hoch auf Paul, sondern stets die Augen auf Pauls Strafregister gesenkt, sagte: „Herr Pausch, Sie hatten doch Spaß daran, die Drei da umzuhauen. Hätten Sie das nicht anders machen können? Mit dem Telefon die Polizei anrufen, zum Beispiel, und dann warten, bis die eingetroffen wäre. Bis dahin hätten Sie die Drei doch in Schach halten können." „Herr Richter." Paul antwortete ganz ruhig. „Wer denkt da an ein Telefon, wenn er sieht, dass die alte Frau von drei Kerlen ausgeraubt wird. Und wie hätte ich die in Schach halten sollen, als die auf mich losgegangen sind?"

Und selbst die alte Frau als Zeugin wollte helfen, da sie Paul dankbar für seine Hilfe war. Sie sagte dem Richter, dass sie nicht verstünde, was hier solange verhandelt werde und warum Paul nicht auf freiem Fuß sei, schließlich habe er ihr das Leben gerettet; wer weiß, was die

drei bösen Männer ihr noch angetan hätten, wenn Paul
nicht gewesen wäre.

Richter Faust zu der guten alten Frau: „Wenn Sie hier
nicht gleich leise sind, erhalten Sie eine Geldstrafe. Oder,
sollte das nicht ausreichen, sehen Sie die Tür da hinten?
Da geht es zu einer Zelle für Sie."

Und Paul bekam vier Jahre wegen schwerer Körperverletzung.

Seine Anwältin hatte ihm vor der Verhandlung gesagt,
weil sie da schon ahnte, was kommen würde: „Paul, egal
was du machst, wegen deiner Akte hast du immer die
Arschkarte. Hier zum Beispiel hast du die Jungs bestraft
und die alte Dame gerettet, aber damit schwere Körperverletzung begangen. Wärst du vorbeigegangen, hätten
Sie dich wegen unterlassener Hilfeleistung drangekriegt."

Aber Paul kann nicht aus seiner Haut – ein weiteres Beispiel:

Eine gute Freundin von ihm ging mit den Kindern in ei-
nem kleinen Park spazieren. Da wurde sie von einem
Typen angegriffen und geschlagen. Und die Kinder auch.
Und wie es der Zufall will, sah Paul das und eilte ihr zu
Hilfe. Er nahm sich den Typen zur Brust und der lag
dann auf der Wiese.
Allerdings hatte das ein Mann in einem Haus an der
Straße dort gesehen und weil Paul da mal gewohnt hatte,
erkannte der Mann unseren Helden und rief die Bullen.
Die nahmen das als Straftat auf und der Fall wurde von
der Staatsanwaltschaft einer späteren Sammelklage unter

der Überschrift „Anzeige wegen Körperverletzung im
Interesse der Öffentlichkeit" hinzugefügt.
Der Typ, der die Frau und die Kinder angegriffen und
den Paul zurechtgewiesen hatte, erstattete keine Anzeige
gegen ihn, wurde aber auch nicht wegen Körperverletzung an der Frau und den Kindern angeklagt.

Paul, der Schläger?

Ja, Paul hatte eine sehr kurze Zündschnur. Da reichten
wenige komische Worte eines andern aus und schon war
er über 180 und voll auf Selbstschutz. Und der, wie er es
in seiner Kindheit gelernt hatte, bestand immer aus Gewalt ohne Rücksicht auf das, was zur Gefahr für ihn geworden war. Diese Gefahr musste beseitigt werden, koste
es, was es wolle.

Es dauerte lange, bis Paul kapiert hatte, dass er einfach
rausgehen sollte, wenn ihn jemand provozierte. Beleidigungen sind schwer zu ertragen. Und bei Paul dauerte es
eben lange bis zu der Erkenntnis, dass nur Feiglinge provozieren und damit nur sich beleidigen, aber niemals ihn,
weil er die Größe hat, auf sie zu scheißen und zu gehen.
Ein Mensch von Größe und der was auf sich hält, scheißt
auf solche Feiglinge, was besser ist, als für sie in den
Knast zu gehen, wenn er sie verprügelt.

Aber es ist dabei ja so komisch – erst machen sie mich an
und wollen damit mich zu ihrem Opfer machen, dann
lege ich sie flach und die tun so, als wären sie die Opfer.

Aber das ist immer noch hier wie im wilden Westen bei den Cowboys – wer zieht am Schnellsten? Und ist ein bekannter oder gar berühmter Revolverheld in der Stadt, wollen sich die kleinen pubertierenden Anfängerrevolverhelden mit dem Champion messen, um sich selbst als Revolverheld zu zeigen. Doch Selbstüberschätzung hat noch keinem gutgetan.

So war das oft bei Paul, wenn er irgendwo war. Immer gab es einen oder zwei oder drei oder wie viele auch immer, die ihn provozierten und sich mit ihm messen wollten. Sie wollten unbedingt stärker, schneller und besser sein als Paul Pausch. Und er sagte immer: „Lass mal, Großer, dit geht nur in deine Hosen." Doch sie wollten nicht hören, sondern hielten sich für überlegen.

Am Ende wurde er verurteilt und als Schläger hingestellt und die andern waren die Opfer, obwohl sie ihn zum Opfer machen wollten, allerdings an ihm gescheitert waren.

Privatdozent Dr. med. habil Werner Platz
2002 kam es an einem Imbiss in Berlin Weißensee erneut zu einem Streit zwischen Paul und einem Herausforderer, der Herrn Pausch unbedingt provozieren musste, um herauszufinden, ob Herr Pausch wirklich stärker war als er, wobei der andere natürlich den Kürzeren zog und Paul sich verdrückte in eine Kneipe an der Wollankstraße.

Natürlich wussten die Bullen, wo er sein könnte, da sie sein Verhalten schon lange kannten. Sechs Beamte wollten ihn aus der Kneipe rausholen. Die hat er erstmal auf dem Kneipenboden fachgerecht abgelegt. Draußen aber

war alles durch eine weitere Übermacht abgeriegelt und
er musste sich ergeben.

Im Zuge der darauffolgenden Verhandlung standen 10
Jahre Haft im Raum. Sein Anwalt wollte den §64 und
dazu begleitende Paragrafen durchsetzen und sprach mit
Staatsanwalt und Richter auf der Grundlage des Gutach-
tens von Dr. Platz.
Paul stand draußen vor der Tür. Drinnen wurde sogar
gebrüllt. Doch der Anwalt kam lächelnd raus: „Paule, wir
machen den 64-er und die andern dazu. Du kommst für
mindestens zwei Jahre in eine Entziehungsanstalt wegen
des Koks und des Alkohols. Eine Fortdauer wäre möglich, wenn du es noch bräuchtest, bei Anrechnung der
ausgesprochenen Strafe. Deshalb sind wir jetzt bei fünf
Jahren mit dem Rest auf Bewährung. Aber scheitert die
Therapie, sitzt du die Reststrafe ab ohne Anrechnung der
Therapiezeit. Was meinst du? Fünf ist besser als zehn,
wenn du dich zusammenreißt.“

§64 in der Fassung von damals - **§ 64. Unterbringung in
einer Entziehungsanstalt**[2].
(1) Hat jemand den Hang, alkoholische Getränke oder
andere berauschende Mittel im Übermaß zu sich zu nehmen, und wird er wegen einer rechtswidrigen Tat, die er
im Rausch begangen hat oder die auf seinen Hang zu-
rückgeht, verurteilt oder nur deshalb nicht verurteilt, weil
seine Schuldunfähigkeit erwiesen oder nicht auszuschließen ist, so ordnet das Gericht die Unterbringung in einer
Entziehungsanstalt an, wenn die Gefahr besteht, daß er
infolge seines Hanges erhebliche rechtswidrige Taten
begehen wird.

§ 63. [2]Unterbringung in einem psychiatrischen Krankenhaus.

[3](1) Hat jemand eine rechtswidrige Tat im Zustand der Schuldunfähigkeit (§ 20) oder der verminderten Schuldfähigkeit (§ 21) begangen, so ordnet das Gericht die Unterbringung in einem psychiatrischen Krankenhaus an, wenn die Gesamtwürdigung des Täters und seiner Tat ergibt, daß von ihm infolge seines Zustandes erhebliche rechtswidrige Taten zu erwarten sind und er deshalb für die Allgemeinheit gefährlich ist.

§67d – Fassung von damals - **§ 67d. Dauer der Unterbringung.**

(1) [2][1] Die Unterbringung in einer Entziehungsanstalt darf zwei Jahre nicht übersteigen. [3][2] Die Frist läuft vom Beginn der Unterbringung an. [3] Wird vor einer Freiheitsstrafe eine daneben angeordnete freiheitsentziehende Maßregel vollzogen, so verlängert sich die Höchstfrist um die Dauer der Freiheitsstrafe, soweit die Zeit des Vollzuges der Maßregel auf die Strafe angerechnet wird.

(2) [4][1] Ist keine Höchstfrist vorgesehen oder ist die Frist noch nicht abgelaufen, so setzt das Gericht die weitere Vollstreckung der Unterbringung zur Bewährung aus, wenn zu erwarten ist, daß der Untergebrachte außerhalb des Maßregelvollzugs keine rechtswidrigen Taten mehr begehen wird. [2] Mit der Aussetzung tritt Führungsaufsicht ein.

[5](3) [1] Sind zehn Jahre der Unterbringung in der Sicherungsverwahrung vollzogen worden, so erklärt das Gericht die Maßregel für erledigt, wenn nicht die Gefahr besteht, daß der Untergebrachte infolge seines Hanges erhebliche Straftaten begehen wird, durch welche die

Opfer seelisch oder körperlich schwer geschädigt werden. [2] Mit der Erledigung tritt Führungsaufsicht ein.
[6](4) [1] Ist die Höchstfrist abgelaufen, so wird der Untergebrachte entlassen. [2] Die Maßregel ist damit erledigt.
[7](5) [8][1] Ist die Unterbringung in einer Entziehungsanstalt mindestens ein Jahr vollzogen worden, so kann das Gericht nachträglich bestimmen, daß sie nicht weiter zu vollziehen ist, wenn ihr Zweck aus Gründen, die in der Person des Untergebrachten liegen, nicht erreicht werden kann.[9] [2] Mit der Entlassung aus dem Vollzug der Unterbringung tritt Führungsaufsicht ein.

Paul war 2 Jahre in Berlin Reinickendorf in der Karl-Bonhoeffer Klinik nun unter der täglichen Betreuung von Professor Platz.

Von Reinickendorf wurde er nach Berlin-Buch in das JVA Haftkrankenhaus Lindenberger Weg, Krankenhaus des Maßregelvollzuges, verlegt.

Dort gab es nach einem Jahr eine Anhörung, ob er vorzeitig entlassen werden darf. Ein Gutachter von außen sagt nein und er musste ein weiteres Jahr dort seine Runden drehen. Das konnte nun Jahr für Jahr so gehen. Sagte der Gutachter nein, gab es immer ein weiteres Jahr für Paul.
Professor Platz hörte davon und verbürgte sich für Paul. Seine Einschätzung übertrumpfte die des anderen Gutachters vor Gericht und Paul wurde 2007 entlassen.

Ohne Professor Platz wäre Paul vielleicht nie mehr aus der JVA in Berlin Buch rausgekommen, also vielleicht erst nach mindestens zehn Jahren.

4. <u>Teil</u>

Die Angstmacher

Mitglieder des Bandidos MC in Berlin kannte Paul schon
seit Anfang der 90-er Jahre aus Schöneweide. Einige hat
er auch in den verschiedenen Strafvollzugsanstalten ken-
nengelernt. Und er war fair zu ihnen, da waren sie fair zu
ihm. Er hielt sich an die Regeln, die ja seinen von der
Kinderzeit auf der Straße her ähnelten:
Du gehst gerade rein und gerade raus und alles ist gut.

So ist er langsam zu ihnen rübergewachsen und war immer für den Club da wie er für ihn.

Während seines Einschlusses in Berlin-Buch haben sie
ihn dort auch besucht und er hat als Geschenk dort einen
riesigen Aschenbecher in Form eines Sombreros mit Füßen in den Farben des B-MC gemacht. Der hatte 60 Zentimeter Umfang und in der Mitte eine kleine Marmorplat-
te, die gut zu reinigen war.
„Der muss in den Müll!" Das wurde dort im Knast gesagt.
„Nee." Paul war siegessicher. „Der is als Handarbeit an-
gemeldet." Und das war er auch und so konnte er ihn
mitnehmen und im Clubhaus übergeben, wo er auch sicher rasch eingeweiht wurde.

2007 bekam Paul von der Haftanstalt in Berlin Buch
schon Freigang, vor der wirklichen Entlassung. Bei einem Spaziergang durch die Langhansstraße in Weißensee
fand er einen Laden, der zu vermieten war. Der Makler

dazu wohnte schräg gegenüber. Paul ging sofort zu dem hin und: „Komm ma runter!" Doch die 1000 Kaution und die erste Miete hatte er natürlich nicht. Darauf fragte er ein paar Freunde und hatte den Laden. Er baute ihn zu einer Kneipe aus mit Spielautomaten und Dartautomaten. Dazu gründete er noch einen Dart-Verein und die Mannschaft begann in der C-Liga mitzuspielen. Der Laden wurde zum Selbstläufer.

Eines Abends aber, Paul war schon aus Buch entlassen, geschah etwas Merkwürdiges. Er war dort und die Bullen marschierten ein. Und sein Kompagnon hatte dabei mit zwei Anführer von denen in der Küche geredet, über eine Stunde lang. Paul wollte später wissen, worüber sie geredet haben. Sein Teilhaber aber sagte nichts. Paul ließ ihn mit der Zahnbürste Schallplatten drehen (mit der Zahnbürste und Bohnerwachs den Boden in Drehbewegungen bohnern), trotzdem sagte der nicht, worüber er mit den Bullen geredet hatte. Da hat er ihn rausgeschmissen. Und bis heute schweigt dieser Mann dazu, worüber die gesprochen haben.

Auch 2007 kam es dann zu jenem Zwischenfall, der in den Zeitungen unter dem Titel „Die Angstmacher" dargestellt wurde.

Nach einem B-MC Meeting sind Paul und seine Leute in eine Kneipe auf einen Absacker. Der Laden war voll. Und, wie es oft war, einer wollte sich mit Paul messen und provozierte ihn immer wieder. Von hinten. Mit Beleidigungen jeglicher Couleur. Da hat Paul ihm eine verpasst und ihn schlafen gelegt. Doch daraufhin mussten sich noch andere einmischen und die Schlägerei war im

vollen Gange. Da war auch eine Frau, die schrie wie am
Spieß, und der hat Paul den Schlauch eines Feuerlöschers
in den Mund gesteckt und aufgedreht, sodass ihr der
Schaum aus den Ohren kam. Später fragte ihn die Richte-
rin, warum er das mit dem Feuerlöscher gemacht habe.
Na ja, hatte er geantwortet, die habe so geschrien, dass er
Feuer in ihrem Mund gesehen habe.
Doch der Laden dort war an jenem Abend bald zerkloppt.
Da kamen die Bullen und deren Kollegen vom Rocker-
dezernat. Die übliche Polizeiarbeit begann. Paul aber
hatte sich weggestohlen und war im Laden von gegenüber, von wo aus die Bullen gerufen worden waren. Paul
brach vom Billardtisch ein Bein ab und wollte wissen,
wer die Bullen gerufen hat. Das hat natürlich keiner gesagt. Da hat Paul die Leute mit der Keule verdroschen.

Da er damals auch tief in Drogengeschäften steckte, von
denen natürlich niemand etwas wissen durfte, wurde ihm
zu einer weiten Flucht verholfen bis nach Schweden. Von
dort ging es wieder zurück über Norwegen nach Däne-
mark. Das Ganze dauerte über ein Jahr. Dann sollte er
weiter nach Frankreich, aber auf dem Weg von Däne-
mark nach Frankreich machte er einen großen Fehler. An
einer Raststätte bei Baden-Baden machte er halt – so kurz
vor Frankreich. Er wollte Kaffee und was zu Essen und
in einem Hotelbett schlafen. Aber er hatte die Kameras
vergessen. Alles, von der Tanke und der Raststätte bis
zum Hotel war natürlich mit Kameras ausgeleuchtet.
Keine halbe Stunde nach seinem Eintreffen dort war der
uniformierte Ameisenhaufen da. Paul ist nach hinten aus
dem Hotel abgehauen und durch einen Wald gerannt,
aber zwei Hubschrauber hatten ihn im Visier ihrer Wär-
mebildkameras. Es gab kein Entkommen. So landete er

im Untersuchungsgefängnis von Rastatt und 14 Tage
später war er wieder in Berlin.
Für diese Aktion mit den Kneipenaktionen zuvor bekam
er vier Jahre.

Hier die BZ vom 23. Mai 2008 dazu:

Vier Motorrad-Rocker der "Bandidos" stehen vor Ge-
richt wegen einer Strafaktion im Lokal "Zur Molle", des-
sen Wirt gewagt hatte, ihnen Hausverbot zu erteilen - Die
Angstmacher.
„Wir sind die Einprozenter, Mann, das eine Prozent, das
nicht dazu gehört und dem das scheißegal ist!" zitierte
Hunter S. Thompson einst einen Motorrad-Rocker. Gut,
es war einer von den „Hells Angels". Aber diese
„Bandidos" sind auch nicht ohne . . .
Kriminalgericht, Terroristen-Saal 700. Vier „Bandidos"
auf der Anklagebank, drei hinter Panzerglas. Angeführt
von Heinz K. (48) aus Weißensee, tätowiert und drahtig.
Unter den Zuschauern grimmige Gesellen. Schwarze
Lederwesten mit dem rot-goldenen Symbol der „Bandi-
dos": ein mexikanischer Bandit mit Sombrero und Ma-
chete und Pistole im Anschlag.
Der Oberstaatsanwalt klagt an. Er spricht von einer
nächtlichen Strafaktion der „Bandidos" im Lokal „Zur
Molle" in der Wollankstraße (Wedding). Mit Axt und
Messern, acht Litern Benzin, demolierter Musikbox, zer-
hacktem Tresen, fliegenden Aschenbechern, zerstörten
Handys und einem mit dem Barhocker bewusstlos gehau-
enen Mann.
„Die Banditen waren da, hieß es am Telefon", erinnert
sich Krankenschwester Beatrice (34). „Als ich hinkam,
war die Molle zerstört." Ihr Freund sei damals der Wirt

*gewesen: „Marko wollte, dass die sich benehmen und
ordentlich bezahlen, deshalb hatte er ihnen Lokalverbot
erteilt. Das lassen wir uns nicht gefallen, soll einer von
denen gesagt haben. "*
*Erst anderthalb Jahre später wurden die Täter verhaftet.
Die „Bandidos" verschränken die Arme – und schweigen. An ihrer Berliner Zentrale steht: „God forgives,
Bandidos don't" (Gott vergibt, Bandidos nicht). Urteil im
August.*

Nebenbei – damals waren die beiden Häuser 1 und 2 der
Untersuchungshaft Moabit die neuen Clubhäuser der
Berliner MCs. Aus verschiedenen Clubs hatte die Justiz
dort Mitglieder versammelt für unterschiedliche Straftaten. Es sollte Kontaktverbot herrschen. Wie sollte man
das durchsetzen bei Menschen, die sich größtenteils
kannten? Und auch unter den Schließern gab es ja noch
vernünftige Leute, denen es lieber war, die Häftlinge
zwischen den offenen Zellen hin und her gehen zu lassen,
als sich verstecken zu müssen, weil sie mal eine Zelle
verschließen sollten. Und einer von den „gefährlichen
Rockern" arbeitete in der Küche der Beamtenkantine.
Der lieferte immer die Bestellungen an, vom Broiler über
Hamburger bis Pizza.

Und auch für Paul wurde gesorgt. Seine Zelle war güns-
tig gelegen und mit Fernseher etc. ausgestattet. Das
musste man sich draußen erarbeiten, damit es drinnen
funktioniert.

„Wer unsern Pfad gehen will, kennt die Regeln und muss
die Konsequenzen tragen – Schnauze halten und sitzen,
auch wenn der Arsch brennt."

5. <u>Teil - Die Krankheit</u>

Das vorerst letzte Kapitel seines Daseins begann für Paul
im Jahr 2022. Sein Körper hatte keine Lust mehr auf den
Stress seines Lebens, vor allem mit Alkohol und all dem
andern Kram. Paul erlitt ein komplettes Organversagen.

Über den Totalausfall der Funktion seiner Leber kam es
zum Versagen von Nieren und Lungen bis zum Kreis-
laufkollaps und Bewusstlosigkeit.
Im Krankenhaus Herzberge kam er wieder zu sich. Er
überlebte mit Entgiftung und allem, was für ihn an Be-
handlung notwendig war. Die Diagnose einer Leberzir-
rhose blieb und er wurde in ein Pflegeheim entlassen, wo
er wieder Gehen und Sprechen lernte.

Heute ist er wieder so weit im Leben, dass er sich eine
Wohnung sucht. Die Lebererkrankung, in einem ersten
Stadium und obwohl nicht heilbar, könnte ihn aber noch
10 bis 15 Jahre Leben schenken, wenn er sie nicht weiter
nährt, vor allem mit Alkohol.

Und wer weiß, jetzt, da er auch reifer und klüger geworden ist, vielleicht lebt er ja noch länger, als viele Menschen glauben.

Und zum Abschluss

Weihnachten 1987. Vater und Sohn konnten gemeinsam im Herbst das Gefängnis Rummelsburg verlassen, Generalamnestie in der DDR, und feierten damit erstmals Heiligabend zusammen. Erstmals, soweit Paul sich zurückerinnern kann. Es gab Wiener Würstchen mit Kartoffelsalat. Und die Mutter legte eine Musik auf – ABBA – Gimme! Gimme! Gimme! (A Man After Midnight) – ob das Pauls Vater gegolten hat, der ja, wie wir wissen, auch selten zuhause zur Verfügung stand?